* 초보자를 위한 기초 영어 회화!!

기초英語會話

編輯部 編

● 단어·숙어 풀이/비교

Yes, I do.
하루 한 마디

太乙出版社

♣ 영어의 글자와 발음

A	a	[ei]	에이	N	n	[en]	엔
B	b	[bi:]	비	O	o	[ou]	오우
C	c	[si:]	시	P	p	[pi:]	피
D	d	[di:]	디	Q	q	[kju:]	큐
E	e	[i:]	이	R	r	[ɑ:/ɑəʳ]	아르
F	f	[ef]	에프	S	s	[es]	에스
G	g	[dʒi:]	지	T	t	[ti:]	티
H	h	[eitʃ]	에이취	U	u	[ju:]	유
I	i	[ai]	아이	V	v	[vi]	브이
J	j	[dʒei]	제이	W	w	[dʌblju:]	더블유
K	k	[kei]	케이	X	x	[eks]	엑스
L	l	[el]	엘	Y	y	[wai]	와이
M	m	[em]	엠	Z	z	[zed/zi:]	제트

● 우리는 영어를 배우면서, 항상 영문법(英文法)이 어렵다고 생각한다. 물론 쉽지만은 않은 학문임에 틀림없다. 그러나 한 가지 분명한 것은, '그 근본을 알면 한결 쉬워진다'는 점이다.

● 초보자도 쉽게 배울 수 있는

기초 英語會話

編輯部 編

太乙出版社

첫머리에 *

영어 회화 초보자를 위하여

이제 우리는 영광된 민족으로서의 긍지를 살릴 수 있게 되었습니다. 세계 속에 'Korea 선풍'이 일고 있습니다. 이제 세계는 바야흐로 '하나의 지구촌'이라는 개념으로 뭉쳐지고 있습니다. 그동안 우리나라가 이룩한 끊임없는 경제적, 문화적인 발전과 정치적인 노력이 결실을 맺어가는 하나의 과정이라고 생각합니다.

따라서 지금 이 순간이야 말로 그 어느 때보다도 중요한 싯점이 아닌가 합니다. '우리'를 세계 속에 올바로 알릴 수 있는 절호의 계기이며, 또한 필연적이고도 필수적인 시기라고 봅니다.

그러기 위해서는 먼저 우리의 대문을 활짝 열고 밖으로 향해 나아가지 않으면 안될 것입니다. 세계의 무대 위에서 우리의 긍지를 펼치며, 다른 나라의 장점들을 과감히 우리의 것으로 수용할 줄 아는 지혜, 이것이야말로 지금 우리에게 가장 필요한 당면 과제가 아닌가 합니다.

폐사에서 이번에 「기초 영어 회화」를 펴내는 이유 중의 하나는 바로, 세계로 향한 우리의 국가적인 목표를 달성하기 위한 범국민적인 노력에 조금이라도 보탬이 되었으면 하는 뜻에서 입니다.

'세계의 언어'라고 할 수 있는 '영어'야말로 우리가 필수적으로 정복하지 않으면 안될 '생활어 (生活語)'입니다.

흔히 '외국어(영어)는 어렵다'고 합니다. 그러나 결코 그렇지만은 않습니다. 무조건 '어렵다'고만 말하는 사람들은 할려고 시도해 보지도 않은 사람들의 변명이라고 봅니다.

우리말 속담에 '천 리 길도 한 걸음부터'라는 말이 있습니다. 실꾸러미를 모두 풀기 위해서는 먼저 실마리를 찾아야 합니다. 영어를 정복하기 위해서는 먼저 가장 기초가 되는 것부터 익혀나아가야 합니다. 기초를 무시하고 본론부터 덤벼드는 것은, 실마리도 찾지 않은 채 실꾸러미를 풀어 헤치려고 하는 것과도 같습니다.

이 책은 영어에 대해 두려움을 느끼고 있는 모든 독자에게 실마리를 찾아주는 역할을 담당할 것입니다.

가장 쉽게, 가장 정확하게, 가장 빠르게, 가장 즐겁게 영어를 익힐 수 있는 방법과 실제를 다룬 '기초 생활 영어 회화 가이드 북'이 바로 이 책입니다.

보다 큰 꿈을 가지고 미래를 향해 뛰고 있는 독자 여러분에게 이 책이 하나의 길벗이 될 수 있기를 빕니다.

편저자 씀

차 례 *

- **첫머리에** / 영어 회화 초보자를 위하여 ············ 5

제 1 장 / 영어 회화를 위한 기초 문법

1. 발음(pronounciation) ································ **14**
2. 글의 5형식 ·· **16**
3. 명사(Noun) ·· **17**
4. 형용사 ·· **18**
5. 부사 ·· **19**
6. 동사의 시제 ······································ **19**

제 2 장 / 기초 영어 회화

1. 아침 인사 ·· **22**
2. 오후 인사 ·· **24**
3. 저녁 인사 ·· **26**
4. 내일 아침 만납시다 ······························ **28**
5. 잘 가요 ·· **30**
6. 오랜만이군요 ···································· **32**
7. 감사합니다 ······································ **34**

8. 한 달에 얼마나 법니까 ································ **36**
9. 늦어서 미안합니다 ···································· **38**
10. 제 소개를 해드리겠읍니다 ························· **40**
11. 하루에 공부 몇 시간이나 합니까 ················ **42**
12. 사전을 찾아 보시오 ································· **44**
13. 이 거리가 더럽군요 ································· **46**
14. 커피 좋아하십니까 ·································· **48**
15. 키가 얼마입니까 ····································· **50**
16. 한국의 주식은 뭡니까 ······························ **52**
17. 여권 좀 보여 주십시오 ····························· **54**
18. 국적이 어딥니까 ····································· **56**
19. 사람들이 매우 친절하고 인정이 많읍니다 ········ **58**
20. 전망이 참 좋군요 ···································· **60**
21. 저것이 왕궁입니까 ·································· **62**
22. 이것은 어떤 종류의 지붕입니까 ·················· **64**
23. 서울 올림픽의 상징물은 무엇이죠 ··············· **66**
24. 제가 불국사를 안내해 드리죠 ···················· **68**
25. 박물관에서 무엇을 봤읍니까 ····················· **70**
26. 자녀가 몇 명입니까 ································· **72**
27. 이 거리가 세종로입니다 ··························· **74**
28. 요금이 얼맙니까 ····································· **76**
29. 언제 돌아오실 겁니까 ······························ **78**

30. 한국에는 절이 몇 개나 됩니까……………………… 80
31. 처음 만났을 때 인사………………………… 82
32. 중국인이세요………………………………… 84
33. 중국집이 어때요…………………………… 86
34. 언제 당신을 다시 뵐 수 있을까요……………… 88
35. 다시 한 번 말씀해 주세요 (되물을 때)………… 90
36. 우유 좀 드시겠어요………………………… 92
37. 아이스크림 좀 드시겠어요………………… 94
38. 다른 것을 먹읍시다………………………… 96
39. 오늘은 날씨가 어떻습니까………………… 98
40. 몇 시입니까 (시간을 물을 때)………………… 100
41. 오늘이 몇 일입니까………………………… 102
42. 당신은 어디서 오셨읍니까………………… 104
43. 지금 당신의 어머니는 바쁘신가요………… 106
44. 나는 머리가 아픕니다……………………… 108
45. 당신의 학교는 어디에 위치합니까………… 110
46. 내일은 한가한 시간이 있읍니다…………… 112
47. 난 여기가 처음인데요……………………… 114
48. 잠시 쉽시다………………………………… 116
49. 전화 왔읍니다……………………………… 118
50. 몇 번을 돌리셨어요………………………… 120
51. 미스터 강 좀 바꾸어 주세요………………… 122

52. 뉴욕까지의 항공우편은 얼마입니까 …………… *124*
53. 여기서 거리가 얼마나 됩니까 ………………… *126*
54. 미스터 윤, 당신은 어디에 살고 있읍니까 …… *128*
55. 봄은 참 좋은 계절이죠 ………………………… *130*
56. 나는 선생님입니다 …………………………… *132*
57. 부탁을 드려도 될까요 ………………………… *135*
58. 샴푸해 드릴까요 ……………………………… *137*
59. 커피가 좋겠어요 ……………………………… *138*
60. 어서 오세요 …………………………………… *140*
61. 그저 구경 좀 하고 있읍니다 ………………… *142*
62. 얼마 입니까 …………………………………… *144*
63. 이 타이는 어떻습니까 ………………………… *146*
64. 참 예쁘군요 …………………………………… *148*
65. 이것은 무슨 꽃입니까 ………………………… *150*
66. 무슨 좋지 않은 일이라도 있으십니까 ……… *152*
67. 도와주셔서 고맙습니다 ……………………… *154*
68. 무슨 일이지요 ………………………………… *156*
69. 바테리를 좀 봐드릴까요 ……………………… *158*
70. 서울역이 어디 있읍니까 ……………………… *160*
71. 저녁 함께 할까요 ……………………………… *162*
72. 날씨가 참 좋군요 ……………………………… *164*
73. 이것은 어떻습니까 …………………………… *166*

74. 우산 하나 살려고 하는데요·····························*168*
75. 입어 봐도 됩니까···*170*
76. 전화를 잘못 거신 것 같습니다······················*172*
77. 사진 찍읍시다··*174*
78. 마지막 회가 몇 시에 시작 됩니까··················*176*
79. T.V를 자주 시청하십니까····························*178*
80. 무슨 스포츠를 가장 좋아합니까····················*180*
81. 당신은 음악 듣길 좋아합니까·······················*182*
82. 목이 마릅니다··*184*
83. 한국말 할 줄 아세요····································*186*
84. 당신은 한국의 날씨를 좋아합니까·················*188*
85. 당신의 취미는 무엇입니까···························*190*
86. 가족이 몇 명이나 됩니까·····························*192*
87. 연주회가 곧 시작될 거예요··························*194*
88. 어디에 가시고 싶으십니까···························*196*
89. 너무 많이 먹었어요····································*198*
90. 그는 훌륭한 장군이었읍니다························*200*
91. 어디 편찮으세요···*202*
92. 열이 높군요···*204*
93. 약좀 주시겠어요···*206*
94. 난 기타를 칠 수 있읍니다···························*208*
95. 누구와 함께 살고 있읍니까··························*210*

96. 한국은 역사가 오래된 나라예요 ………………… *212*
97. 각자 부담합시다………………………………… *214*
98. 무엇을 갖다 드릴까요 …………………………… *216*
98. 언제 서울에서 올림픽이 열립니까……………… *218*
100. 가장 인기있는 스포츠는 뭡니까 ……………… *220*
101. 방학 기간이 길군요……………………………… *222*
102. 스케이트 탈 줄 아십니까……………………… *224*
103. 당신은 농구광이시군요 ………………………… *226*
104. 담배 피워도 됩니까……………………………… *228*
105. 내일 오시겠읍니까……………………………… *230*
106. 전 주머니 사정이 안좋아요…………………… *232*
107. 한국에는 대학이 몇 개나 됩니까……………… *234*
108. 일주일에 6일 근무합니다……………………… *236*
109. 전 춤추는 것을 좋아합니다 …………………… *238*
110. 테니스 칠 수 있읍니까 ………………………… *240*
111. 장래 희망이 뭡니까……………………………… *242*
112. 전 모짜르트를 가장 좋아합니다 ……………… *244*
113. 방 좀 볼까요……………………………………… *246*
114. 성함이 어떻게 되시죠…………………………… *248*
115. 콜 버튼을 누르세요……………………………… *250*
116. 당신은 얼마나 머물겁니까……………………… *252*
117. 재미있게 보내세요 ……………………………… *254*

제 1 장

영어 회화를 위한
기초 문법

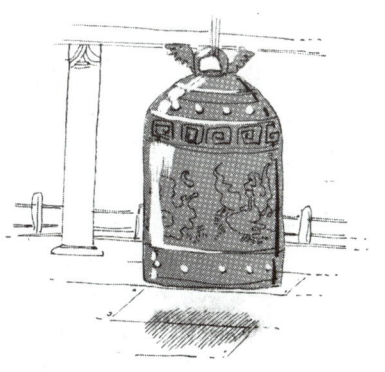

기초 영어 문법

1. 발음(pronounciation)

●음성의 종류
□ 모음

장 모 음	[i:] [ɑ:] [ə:] [ɔ:] [u:]
단 모 음	[e] [æ] [i] [ɔ] [o] [u] [ə] [ʌ] [ɑ]
이중모음	[au] [ai] [ei] [ɛə] [ɔə] [ɔi] [iə] [uə]

□ 자음

유 성 음	[b] [d] [g] [l] [m] [n] [ŋ] [v] [ð] [z] [dʒ] [ʒ] [r] [w] [j]
무 성 음	[f] [k] [p] [t] [s] [ʃ] [tʃ] [θ]

영어의 음성은 크게 자음과 모음으로 구별된다.

(1) 모음(Vowels) : 성대에서 울려 나오는 소리로써 입안의 아무 곳에서도 장애를 받지 않는 소리이다.

① 단모음 : 짧게 발음되는 모음.

 [e] : hell[hel] help[help] nest[nest]
 [æ] : manner[mǽnər] map[mæp] bank[bæŋk]
 [i] : lily[líli] hit[hit] give[giv]
 [ɔ] : long[lɔŋ] fond[fɔnd] of[ɔv] office[ɔ́fis]
 [o] : omit[omít]

[u] : foot[fut]   took[tuk]   book[buk]
[ə] : Korea[kəríə]   America[əmérikə]
     allow[əláu]
[ʌ] : uncle[ʌ́ŋkl]   bud[bʌd]   something[sʌ́mθiŋ]

② 장모음 : 길게 발음되는 모음
[i:] : easy[í:zi]   each[i:tʃ]   beef[bi:f]
[ɑ:] : far[fɑ:r]   dark[dɑ:rk]   car[kɑ:r]
      bark[bɑ:rk]
[ə:] : earth[ə:rθ]   early[ə́:rli]
[ɔ:] : law[lɔ:]   horse[hɔ:rs]   fork[fɔ:rk]
[u:] : school[sku:l]   tooth[tu:θ]   root[ru:t]
       room[ru:m]

③ 이중모음 : 두개의 모음을 연달아 발음하는 것으로 써 앞의 모음은 길고 세게 발음하고 뒤의 모음은 짧고 약하게 발음한다.
[ei] : day[dei]   may[mei]   say[sei]
[ai] : eye[ai]   sky[skai]   shine[ʃain]
[au] : how[hau]   house[haus]
[ou] : holy[hóuli]   home[houm]
[ɔi] : soy[sɔi]   boy[bɔi]

(2) **자음(consonants)** : 혀·코·이·입술 따위에 의하여 장애를 받으면서 나오는 소리를 자음이라 한다. 그 중에서 성대가 진동하며 나는 소리를 유성음이라 하고 성대가 진동하지 않는 소리를 무성음이라고 한다.

자음 중에서 중요한 몇가지 예를 들어 보자.
[g] : go[gou]   gift[gift]   good[gud]

[ŋ] : song[sɔŋ] shopping[ʃɔ́piŋ]
[ð] : them[ðem] this[ðis]
[θ] : think[θiŋk] thick[θik] month[mʌnθ]
[ʃ] : shoulder[ʃóuldər] shoe[ʃu:] shock[ʃɔk]
[tʃ] : cheap[tʃi:p] cheek[tʃi:k] cheese[tʃi:z]
[s] : same[seim] sand[sænd]
       salesman[séilzmən]
[z] : zero[zíərou] zoo[zu:] please[pli:z]
[f] : free[fri:] French[frentʃ]

2. 글의 5형식

(1) 제1형식 : S+V(완전자동사)

Birds sing. (새가 노래한다)
  S   V

The sun rises in the east. (해는 동쪽에서 뜬다)
  S   V   (수식어)

(2) 제2형식 : S+V(불완전자동사)+C

I am a teacher. (나는 선생님이다)
S V   C

Time is money. (시간은 돈이다)
 S   V   C

(3) 제3형식 : S+V(완전타동사)+O

My mother speaks French very well.
    S   V   O
(나의 어머니는 불어를 아주 잘 하십니다)

She takes care of her baby.
 S   V   O
(그녀는 그녀의 아기를 돌본다)

(4) 제4형식 : S+V(수여동사)+I.O+D.O

My brother bought me a dictionary.
　　S　　　V　　I.O　　D.O
(나의 오빠는 나에게 사전을 사주셨다)

My students asked me some questions.
　　S　　　V　　I.O　　　D.O
(나의 학생들은 나에게 몇가지 질문을 했다)

(5) 제5형식 : S+V(불완전타동사)+O+C

My mother made me a teacher.
　　S　　V　　O　　　C
(나의 어머니는 나를 선생님으로 만들었다)

We call him Tom. (우리는 그를 탐이라고 부른다)
　S　V　O　　C

3. 명사(Noun)

　생물이나 무생물의 이름을 나타내는 말을 명사라 하는데 그 나타내는 뜻에 따라 다음과 같이 다섯가지 종류로 나눌 수 있다.

(1) **보통명사** : 같은 종류의 동물·사물에 두루 쓰이는 명사로 일정한 모양을 갖추고 있기 때문에 셀 수 있다.

　　　ex) book, dog, boy, flower, woman, table

(2) **집합명사** : 사람 또는 사물의 집합체를 나타내는 것으로 셀 수 있는 명사.

　　　ex) class, family, people

(3) **고유명사** : 인명, 지명이나 특정한 사물의 이름으로 쓰이는 명사로써, 셀 수 없는 명사.

　　　　　ex) America, Seoul, John,
　　　　　　　Mt. Everest.
(4) 물질명사 : 물질의 이름을 나타내는 명사로써 일정한 모양을 갖추고 있지 않으므로 셀 수 없는 명사.
　　　　　ex) gas, air, water, sugar, snow, paper
(5) 추상명사 : 사람이나 사물의 성질·동작·상태 등의 추상적인 개념을 나타내는 것으로 셀 수 없는 명사.
　　　　　ex) hope, life, beauty, time, love, happiness

4. 형용사

● 형용사의 용법
　① 한정용법 : 형용사가 명사의 앞 또는 뒤에서 그 명사를 수식하는 경우.
　　ex) We have a beautiful garden.
　　　　(우리는 아름다운 정원을 가지고 있다)
　　　　Please give me something cold.
　　　　(나에게 찬 것 좀 주시요)
　② 서술용법 : 형용사가 보어로 쓰여 명사 또는 대명사를 간접적으로 수식하는 경우.
　　ex) The girl is kind.(그 소녀는 친절하다)
　　　　I am happy.(나는 행복하다)
　　　　The story is interesting.
　　　　(그 이야기는 재미있다)

5. 부사

● **부사의 용법** : 동사, 형용사, 다른 부사를 수식한다.
   ex) She runs fast. 〈동사수식〉
       (그녀는 빨리 뛴다)
       He is very clever. 〈형용사수식〉
       (그는 매우 영리하다)
       He runs very fast. 〈부사수식〉
       (그는 매우 빨리 뛴다)

6. 동사의 시제

● **기본시제**
   ① 현재 : 현재의 사실, 상태, 습관적 동작을 나타낸다.
   I feel bad now. (나는 지금 기분이 안좋다)
   She takes care of her baby every day.
   (그녀는 매일 그녀의 아기를 돌본다)
   ② 과거 : 과거의 동작, 상태, 습관적 동작을 나타낸다.
   My friend went to church yesterday.
   (나의 친구는 어제 교회에 갔다)
   I loved her very much.
   (나는 그녀를 몹시 사랑했다)
   ③ 미래 : 미래의 동작, 상태를 나타낸다.
   I will play the piano. (난 피아노를 칠 것이다)
   My friend will become a great artist.
   (나의 친구는 훌륭한 예술가가 될 것이다)

제 2 장

기초 영어 회화

1. Good morning
_굿 _{모닝}

A : Good morning, Mr. Kim.
_{굿   모닝   미스터 김}

B : Good morning, In Sook.
_{굿   모닝   인 숙}

A : How are you?
_{하우 아 유}

B : Fine, thank you. And you?
_{화인 땡큐   앤 듀}

A : Fine.
_{화인}

1. 아침 인사

A : 김 선생님, 안녕하세요.
B : 인숙아 안녕.
A : 어떻게 지내고 계세요?
B : 아주 잘 있어. 너는?
A : 저도 잘 있어요.

주

- Good : 좋은
- morning : 아침
  Good morning은 아침인사 때 쓰임.
- Mr. 는 남자를 칭할 때 쓰임.
  여자 특히 미혼인 경우 Miss, 기혼인 경우 Mrs. 라 함.
- How : 어떻게
- are는 우리말의 「입니다.」에 해당됨.
- you : 당신(상대방을 가리킬 때 씀.)
- Fine : (상태, 기분) 좋은
- thank you : 감사합니다.

2. _굿 _{애후터눈}
Good afternoon

A : _굿 _{애후터눈} _{순 자}
Good afternoon, Soon Ja.

B : _굿 _{애후터눈} _{진 호}
Good afternoon, Jin Ho.

A : _왓 _아 _유 _{두잉}
What are you doing?

B : _{아임} _{두잉} _{마이} _{홈웍}
I'm doing my homework.

A : _왓 _{이즈 댓} _{홈웍}
What is that homework?

B : _{잇츠} _{잉글리쉬} _{홈웍}
It's English homework.

2. 오후 인사

A : 순자야, 안녕.
B : 진호야, 안녕.
A : 너 뭘하고 있니?
B : 난 숙제하고 있어.
A : 무슨 숙제인데?
B : 영어 숙제야.

주

- afternoon : 오후
  Good afternoon : 오후에 만나서 인사할 때.
- What : 무엇
- do : 하다.
  ~ing가 뒤에 붙으면 진행형이 됨.
- I : 나, am : 입니다.
  I'm은 I am의 줄임말.
- my : 나의, I의 소유격.
- is : 입니다(3인칭 단수 일때).
- that는 저것
- homework : 숙제
- English : 영어

3. Good evening

A : Good evening, Aunt.

B : Good evening, Sang ho.

A : Do you want some milk?

B : No, thank you.

A : You look very tired.

B : I'm going to bed soon.

3. 저녁 인사

A : 아주머니, 안녕하세요.
B : 상호야, 안녕.
A : 너 우유 좀 마실래?
B : 아니 괜찮읍니다.
A : 너 몹시 피곤해 보이는구나.
B : 곧 잠자리에 들어야겠어요.

주

- evening : 저녁
  Good evening : 저녁인사
- Do :「하다.」란 의미도 있지만 조동사로써 일반동사가 있는 문장의 의문문을 만들때 쓰임.
- want : 원하다.
- some : 약간, 좀.
- milk : 우유
- look : 보다.
- very : 매우
- tired : 피곤한
- go to bed : 잠자리에 들다.
- soon : 곧

4. See you tomorrow morning

A : I'd better go to bed now.

I must get up early

morning tomorrow.

B : Do you have any special

plan?

A : Yes, I am scheduled to

visit my uncle's.

B : Where does he live?

A : An yang.

See you tomorrow morning.

4. 내일 아침 만납시다

A : 지금 전 잠자리에 들어야 할 것 같은데요.
내일 아침 일찍 일어나야 하거든요.
B : 특별한 계획이라도 있읍니까?
A : 예, 전 아저씨댁을 방문할 계획입니다.
B : 당신의 아저씨는 어디서 삽니까?
A : 안양요.
내일 아침 만납시다.

주

- I'd better : I had better (하는 편이 낫다.)
- early : 일찍
- special plan : 특별한 계획
- visit : 방문하다.
- uncle's : uncle's house
- live : 살다.

5. Good bye
굿바이

A : Where are you going?
훼어 아 유 고잉

B : I am going to meet my boss.
아이엠 고잉 투 밋 마이 보스

A : Why.
화이

B : Because I must go home
비코오즈 아이 머스트 고우 홈

soon. My wife is very sick.
순 마이 와이프 이즈 베리 씩

A : I am sorry to hear that.
아이엠 쏘리 투 히어 댓

You'd better hurry up.
유드 베터 허리 업

B : Good bye.
굿바이

A : Good bye.
굿바이

5. 잘 가요

A : 어디에 가세요.
B : 저희 회사 사장님을 만나러 가요.
A : 왜요.
B : 곧 집에 가야만 하거든요.
　　제 부인이 몹시 아파요.
A : 참 안됐군요.
　　서두르십시오.
B : 잘 가요.
A : 안녕히 가세요.

주

- Where : 어디에
- hurry up : 서두르다.
- goodbye : (헤어질 때 인사) 안녕
- be going to : ～하려고 하다.
- boss : 사장
- sick : 아픈

6. I haven't seen you for a long time

A : I haven't seen you for a long time.

What happened?

B : I have been to Japan on business.

A : Does your business go well?

B : No, it doesn't.

My business is in troubles.

A : That's too bad.

6. 오랜만이군요

A : 참 오랜만이군요.
　　무슨 일이 있으셨읍니까?
B : 사업차 일본에 다녀왔읍니다.
A : 당신이 하시는 사업이 잘 되어 갑니까?
B : 아닙니다.
　　제 사업이 곤경에 빠져있어요.
A : 안됐군요.

주

- for a long time : 오랜동안
- what happen : 무슨 일이야.
- business : 일, 사업.
- Japan : 일본
- trouble : 곤경, 난관.
- good luck : 행운

7. Thank you
  (땡) (큐)

A: What do you want to have most?
   (홧) (두) (유) (원) (투) (해브) (모스트)

B: Why?
   (화이)

A: I would like to give you something you want.
   (아이 우드) (라이크) (투) (기브) (유) (썸씽) (유) (원트)

B: Oh, really?
   (오우) (리얼리)

   I want a wrist watch.
   (아이 원트) (어) (리스트) (윗취)

A: I will buy a wrist watch for you.
   (아이 윌) (바이) (어) (리스트) (윗취) (훠) (유)

B: Thank you.
   (땡) (큐)

7. 감사합니다

A : 당신은 무엇을 제일 갖고 싶으세요?
B : 왜요?
A : 난 당신이 원하는 것을 드리고 싶습니다.
B : 오, 정말이세요?
　　난 손목 시계를 갖고 싶습니다.
A : 손목 시계 하나 사 드리죠.
B : 감사합니다.

주
- most : 가장
- want : 원하다.
- really : 정말로
- wrist watch : 손목시계
- buy : 사다.

8. How much do you make a month?

A : Excuse me. How much do you make a month?

B : I make about $ 1,000.

A : Pretty good.

B : How about you?

A : About $ 800.

B : Money is something but not everything.

8. 한 달에 얼마나 법니까?

A : 실례합니다만
   한 달에 얼마나 버십니까?
B : 약 1,000달러 정도 법니다.
A : 괜찮군요.
B : 당신은 얼마나 법니까?
A : 800달러 정도요.
B : 돈이 중요하긴 하지만 모든것은 아니죠.

주

- Excuse me : 실례합니다.
- something : 뭔가, 중요한 것.
- How much : 얼마나
- month : 달
- How about : ~어떻냐?
- money : 돈
- everthing : 모든것
- unhappy : 불행한

9. I'm sorry to be late

A: The meeting already began.

B: I'm sorry to be late. The traffic was bumper to bumper.

A: But you must not enter the room.

B: I want to attend the meeting.

A: Try to come before ten minutes for meeting time next.

9. 늦어서 미안합니다

A : 회의가 벌써 시작됐읍니다.
B : 늦어서 미안합니다.
   교통이 무척 혼잡했어요.
A : 그러나 당신은 회의실에 들어가선 안 됩니다.
B : 회의에 참석하고 싶은데.
A : 다음에는 회의시간 10분 전에 오십시오.

주

- late : 늦은
- meeting : 회의
- already : 이미, 벌써.
- keep in mind : 명심하다.
- began : begin의 과거(시작하다.).
- traffic : 교통
- enter : 들어가다.
- room : 방
- attend : 참석하다.
- minute : 분
- next : 다음

10. I'll introduce myself

A : Can you introduce yourself to me?

B : O.K, I'll introduce myself.
I am from Korea.
I am an interpreter.

A : You have a good job.
By the way, are you married?

B : No, I am not married yet.

10. 제 소개를 해드리겠읍니다

A : 제게 당신 소개 좀 해주시겠어요?
B : 좋아요, 제 소개를 하죠.
　　전 한국에서 왔읍니다.
　　제 직업은 통역원입니다.
A : 당신은 좋은 직업을 가지고 있군요.
　　그런데, 결혼 하셨읍니까?
B : 아니오, 아직 안했읍니다.

주

- introduce : 소개하다.
- Korea : 한국
- name : 이름
- occupation : 직업
- interpreter : 통역원
- be married : 결혼하다.
- yet : 아직

11. **How many hours do you study a day?**

A : You study very hard. How many hours do you study a day?

B : Five hours. I must study English hard to take a TOEFL test.

A : Do you want to be a professor?

B : Yes, I do.

11. 하루에 공부 몇 시간이나 합니까?

A : 당신은 공부를 열심히 하시는군요.
   하루에 몇 시간이나 하십니까?
B : 5시간요.
   난 토플 시험을 치루기 위해서 영어공부를 열심히 해야만 합니다.
A : 당신은 교수가 되고 싶으세요?
B : 예, 그렇습니다.

주

- hour : 시간
- professor : 교수
- TOEFL : 토플(유학생들이 치루는 시험)
- test : 시험

12. Consult your dictionary, please

A : What do you say "Flower" in French?

B : Consult your dictionary for the spelling of that word, please.

A : I don't know French at all. Do you think French is difficult?

B : No, I don't think so.

12. 사전을 찾아 보시오

A : "플라워"를 불어로 뭐라고 합니까?
B : 그 단어의 철자를 사전에서 찾아 보시오.
A : 난 불어는 전혀 모르겠어요.
　　당신은 불어가 어렵다고 생각하십니까?
B : 아니오, 전 그렇게 생각하지 않습니다.

주

- dictionary : 사전
- French : 불어
- Consult : 찾다, 진찰하다.
- word : 단어
- not ~ at all : 전혀 ~ 아니다.
- pronunciation : 발음

13. This street is dirty

A : This street is dirty.

B : There is a gymnasium near here.

The street is not clean after exiting game.

A : Are there many sports fan in Korea ?

B : Yes, there are.

Many pepole are crazy about football.

13. 이 거리가 더럽군요

A : 이 거리가 더럽네요.
B : 이 근처에 체육관이 있어서 그래요.
  흥미로운 시합이 끝나고 나면 지저분하거든요.
A : 한국에는 스포츠광들이 많이 있지요?
B : 예, 그렇읍니다.
  축구에 미친 사람들이 많아요.

주
- dirty : 더러운
- gymnasium : 체육관
- clean : 깨끗한
- fan : 광

14. Do you like coffee?

A : Do you like coffee?

B : No, I don't.

　I like Jinseng tea.

　It's good for health.

A : Oh, I see.

　I usually drink four cups of

　coffee a day.

　Coffee makes me

　comfortable.

B : Really?

14. 커피 좋아하십니까?

A : 커피 좋아하십니까?
B : 아닙니다.
   전 인삼차를 좋아해요.
   건강에 좋거든요.
A : 알겠읍니다.
   전 보통 하루에 커피 네 잔을 마셔요.
   커피 마시면 편안해지거든요.
B : 정말입니까?

15. How tall are you?

A : How tall are you?

B : 158cm.

A : It's short.

B : No. It's not short for woman in Korea.

A : Really?

B : Of course, Oriental people are smaller than Western people.

15. 키가 얼마입니까?

A : 키가 얼마입니까?
B : 158cm요.
A : 키가 적군요.
B : 아닙니다. 한국에서는 여자 키로서는 작지 않아요.
A : 정말입니까?
B : 물론이죠, 동양인은 서양인보다 좀 적습니다.

주

- tall : 키큰
- short : 키 작은
- western people : 서양인

16. What's the staple food in Korea?

A : What's the staple food in Korea?

B : We eat on rice.

A : Kimchi is popular in Korea, isn't it?

B : Sure, We Koreans can't live without Kimchi.

A : But Kimchi is very hot. So I don't like Kimchi.

16. 한국의 주식은 뭡니까?

A : 한국의 주식은 뭡니까?
B : 우리는 쌀을 주식으로 하고 있어요.
A : 한국에서 김치는 퍽 인기가 있죠?
B : 그럼요, 우리 한국 사람들은 김치없인 못 살아요.
A : 그렇지만 김치는 너무 매워요.
　　그래서 전 김치를 좋아하질 않습니다.

주

- staple : 주요소, 주성분.
- rice : 쌀
- without : ~없이

17. **Let me see your passport, please**

A : Let me see your passport, please.

B : Sure. Here it is.

A : Thank you.
How long do you plan on staying in L.A ?

B : For three months.

17. 여권 좀 보여 주십시오

A : 여권 좀 보여주십시오.
B : 그러죠. 여기 있읍니다.
A : 감사합니다. 당신은 L. A에 얼마동안 머물 계획입니까?
B : 3달 동안요.

주

- passport : 여권
- Let me see : 봅시다.
- Here it is : 여기 있읍니다.
- plan : 계획
- purpose : 목적
- trip : 여행

18. What's your nationality?

A : What's your nationality?

B : Brazil.

A : What is Brazil famous for?

B : She is famous for coffee and football.

We had got the World Cup of football.

A : Oh, I see.

You are proud of your country, aren't you?

18. 국적이 어딥니까?

A : 국적이 어딥니까?
B : 브라질입니다.
A : 브라질은 뭘로 유명하죠?
B : 커피와 축구로 유명하죠.
  우리는 축구에서 월드컵을 차지했어요.
A : 알았읍니다.
  당신은 당신 조국에 대해서 긍지가 대단하군요.
  그렇죠?

주

- nationality : 국적
- World Cup : 월드컵
- country : 조국, 나라.
- be proud of : ~자랑스럽게 생각하다.

19. People are very kind and friendly

A : Excuse me. Will you take my picture here, please?

B : I am glad to. Are you traveling in Korea alone?

A : Yes, I'm traveling by myself.

B : How do you like this country?

A : I like this country so much. People are very kind and friendly.

19. 사람들이 매우 친절하고 인정이 많습니다

A : 실례합니다.

여기서 사진좀 찍어 주시겠어요?

B : 그러죠.

한국 여행을 혼자 하시는 겁니까?

A : 예, 혼자 여행중입니다.

B : 이 나라를 당신은 어떻게 생각하십니까?

A : 무척 맘에 듭니다.

사람들이 매우 친절하고 인정이 많아요.

주

- kind : 친절한
- friendly : 우호적인, 인정많은.
- take a picture : 사진찍다.
- travel : 여행
- by myself : 혼자
- alone : 혼자

20. What a nice view!

A : What is the name of this city?

B : It is Choon Chun.

A : What a nice view!

B : We call it "the City of Lake".

Because there are a lot of lakes at Choon Chun.

A : I didn't know Korea has a beautiful city like this.

20. 전망이 참 좋군요!

A : 이 도시의 이름은 뭡니까?
B : 춘천입니다.
A : 참 전망이 좋군요!
B : 우리는 이 춘천을 "호반의 도시"라고 부르죠.
왜냐하면 춘천에는 호수들이 아주 많거든요.
A : 난 한국에 이처럼 아름다운 도시가 있는 줄 몰랐어요.

주
- city : 도시
- lake : 호수
- nice view : 훌륭한 전망
- take : 걸리다, 가져가다.

21. Is that the Imperial Palace?

A : Is that the Imperial palace?

B : Yes, it is.
It's called Duk Soo Palace.

A : Appearances are very unique.

B : Yes. Many foreigners visit this place.
Especially, it used to be a good place for lovers.

21. 저것이 왕궁입니까?

A : 저것이 왕궁입니까?
B : 예, 그렇습니다.
   덕수궁이라고 하죠.
A : 겉모양이 참 독특하군요.
B : 예, 많은 외국인들이 이곳을 방문하죠.
   특히 연인들에게 좋은 장소였었죠.

주

- palace : 궁전
- Appearances : 외관, 겉모양.
- foreigners : 외국인들
- lovers : 연인들
- clean : 깨끗한
- I see : 알았읍니다.
- unique : 독특한
- imperial : 황제의

22. What kind of roof is this?

A : Here is the Folk Village.

B : It's very interesting.
   What kind of wall is this?

A : It's made of stone.

B : What kind of roof is this?

A : It's a straw thatched roof.

B : What is that?

A : It's a nobleman's house.

B : It has a beautiful garden.

22. 이것은 어떤 종류의 지붕입니까?

A : 여기가 민속촌입니다.
B : 매우 흥미롭군요.
  이것은 어떤 종류의 벽입니까?
A : 그것은 돌로 만들어졌읍니다.
B : 이것은 어떤 종류의 지붕입니까?
A : 초가 지붕이에요.
B : 저것은 무엇입니까?
A : 그것은 양반집이에요.
B : 정원이 참 아름답군요.

주
- Folk Village : 민속촌
- wall : 벽
- stone : 돌
- roof : 지붕
- straw that ched roof : 초가 지붕

23. What is the symbol of Seoul Olympics?

A : What is the symbol of Seoul Olympics?

B : It's a Tiger.

A : I see. That's why there are a lot of Tiger pictures in trademark.

B : Yes. In Seoul Olympics, I decided to be a Volunteer.

23. 서울 올림픽의 상징물은 무엇이죠?

A : 서울 올림픽의 상징물은 무엇입니까?
B : 호랑이입니다.
A : 알겠읍니다. 그래서 상표에 호랑이 그림들이 아주 많이 있군요.
B : 예. 서울 올림픽때, 전 자원 봉사자가 되기로 마음먹었읍니다.

주

- symbol : 상징
- tiger : 호랑이
- trademark : 상표
- Volunteer : 자원봉사자

24. I'll guide Bulgug temple for you
　　　아일　가이드　　　불국　　　템플
　　　휘　유

A : What are the most wonderful things in Kyongju?
　　홧　　아　　더　　모스트　　원더훌　　씽즈　　인　　경주

B : Bulgug-Sa and Soggulam.
　　불국　사　앤드　석굴암

A : I wish to see them.
　　아이 위쉬　투　씨　뎀

B : I'll guide Bulgug temple for you.
　　아일　가이드　불국　템플　휘　유

24. 제가 불국사를 안내해 드리죠

A : 경주에서 가장 훌륭한 것이 뭡니까?
B : 불국사와 석굴암이죠.
A : 그것들을 좀 보고 싶은데요.
B : 제가 불국사를 안내해 드리죠.

주

- guide : 안내하다.
- wish : 바라다, 원하다.
- temple : 사원

25. **What did you see in the museum?**
    _{왓 디 쥬 씨 인 더 뮤지엄}

A : How did you spend your weekend?
    _{하우 디 쥬 스펜드 유어 위켄드}

B : I spent a very wonderful time.
    _{아이 스펜트 어 베리 원더훌 타임}
    I went to the Kyongju Museum.
    _{아이 웬 투 더 경주 뮤지엄}

A : What did you see in the museum?
    _{왓 디 쥬 씨 인 더 뮤지엄}

B : Paintings, golden ornaments, porcelains, Carved jade, and so on.
    _{페인팅즈 골든 오너먼츠 포스린즈 카브드 제이드 앤드 쏘우 온}

25. 박물관에서 무엇을 봤읍니까?

A : 주말을 어떻게 보냈읍니까?
B : 전 매우 훌륭한 시간을 보냈어요. 경주 박물관에 갔었거든요.
A : 박물관에서 무엇을 봤읍니까?
B : 그림, 금세 장신구, 자기, 곡옥 기타 등등.

주

- museum : 박물관
- paintings : 그림들
- golden ornaments : 금세 장신구
- porcelains : 자기

26. How many children do you have?

A : Are you married?

B : Yes, I am.

A : Do you have children?

B : Yes, I do.

A : How many children do you have?

B : I have four. Two sons and two daughters.

26. 자녀가 몇 명입니까?

A : 결혼하셨읍니까?
B : 예, 그렇읍니다.
A : 자녀가 있으십니까?
B : 예, 그렇습니다.
A : 자녀가 몇 명이나 됩니까?
B : 4명입니다.
　　아들 둘, 딸 둘요.

주

- oldest : 가장 나이 많은 장남.
- children : 자녀, 어린이들.

27. This street is the Saejongro

A : Where do you want to go?

B : I want to go up Nam San. I heard Nam San has a high Tower.

A : That's right. Let's go.

B : Is this street the Saejongro?

A : Yes, it is.

27. 이 거리가 세종로입니다

A : 당신은 어디를 가시고 싶으세요.
B : 전 남산에 올라가고 싶습니다.
　　남산에는 높은 탑이 있다고 들었는데요.
A : 맞습니다. 갑시다.
B : 이 거리가 세종로입니까?
A : 예, 그렇습니다.

28. What is the fare?

A : I'd like to make a reservation to Paris.

B : When are you leaving?

A : Next month. I want a night flight.

B : KAL Flight 747 leaves at six P.M.

A : What's the fare?

B : $ 200　one way.

28. 요금이 얼맙니까?

A : 파리까지 가는 비행기를 예약하고 싶은데요.
B : 언제 떠나실 겁니까?
A : 다음 달에요. 전 저녁 비행기로 가고 싶은데요.
B : 오후 6시에 떠나는 KAL 747기 입니다.
A : 요금이 얼마입니까?
B : 편도 요금 200불입니다.

주

- fare : 요금
- make a reservation : 예약하다.
- flight : 비행

29. When will you come back?
   _{웬 윌 유 컴 백}

A : I will go to America for studying.
   _{아이윌 고우 투 아메리카 풔 스타딩}

B : When?
   _웬

A : In July.
   _{인 쥴라이}

B : When wil you come back?
   _{웬 윌 유 컴 백}

A : After getting M.A. degree.
   _{애후터 겟팅 엠 에이 디그리}

B : Good luck to you.
   _{굿 럭 투 유}

A : Thank you.
   _{땡 큐}

29. 언제 돌아오실 겁니까?

A : 전 공부하러 미국에 갈 겁니다.
B : 언제요?
A : 7월에요.
B : 언제 돌아오실 겁니까?
A : 석사 학위 받고난 후에요.
B : 건투를 빕니다.
A : 감사합니다.

주

- come back : 돌아오다.
- M. A : master (석사)
- good luck to you : 행운을 빈다.

30. There are many old temples in Korea.

A : I'm planning to take a trip.

B : Which country do you want to travel?

A : Korea. There are many old temples in Korea.

B : Right. Korea is a Buddhism country. Korea has long tradition of Buddhism.

30. 한국에는 절이 몇 개나 됩니까?

A : 전 여행할 계획입니다.
B : 어느 나라를 여행하시고자 합니까?
A : 한국요.
한국에는 절이 많이 있습니다.
B : 그래요. 한국은 불교 국가죠.
한국은 불교에 대한 오랜 전통을 가지고 있어요.

주

- temple : 사찰, 절.
- take a trip : 여행하다.
- country : 나라
- Buddhism : 불교
- tradition : 전통

31. How do you do?

A : How do you do?

B : How do you do?

A : How do you like here?

B : I'd like here very much.

A : How's the weather today?

B : It is fine.

31. 처음 만났을때 인사

A : 처음 뵙겠읍니다.
B : 처음 뵙겠읍니다.
A : 이곳은 어떻습니까?
B : 참 좋군요.
A : 오늘 날씨는 어떻습니까?
B : 좋습니다.

주

- here : 여기에
- weather : 날씨
- fine : 좋은
- very much : 매우
- today : 오늘

※ 요일에 관한 단어
  Sunday : 일요일
  Monday : 월요일
  Tuesday : 화요일
  Wednesday : 수요일
  Thursday : 목요일
  Friday : 금요일
  Saturday : 토요일

32. Are you Chinese?

A : Are you Chinese?

B : Yes, I am.

A : Is Mr. Park Chinese, too?

B : No, He is not.

He is Korean.

A : Do you know something about Korea?

B : Yes, Korea has a long history.

32. 중국인이세요?

A : 당신은 중국사람입니까?
B : 예, 그렇습니다.
A : 박씨도 중국사람입니까?
B : 아닙니다. 그분은 한국인이에요.
A : 당신은 한국에 대해서 알고있는 것이 있어요?
B : 예, 한국은 오랜 역사를 가지고 있죠.

주

- Chinese : 중국인
- Korean : 한국인
- something : 어떤 것
- long : 긴
- has : 가지다.
- too : 역시, 또한.
- know : 알다.
- about : ~에 대해서
  ~에 관해서
- history : 역사

33. What about Chinese restaurant?

A : Why don't you have dinner with me tonight?

B : That's wonderful.

A : What kind of restaurant do you want to go?

B : What about Chinese restaurant?

A : That sounds good.

33. 중국집이 어때요?

A : 오늘밤 저와 함께 저녁식사 하시지 않겠어요?
B : 좋죠.
A : 어떤 음식점엘 가시고 싶으세요?
B : 중국집이 어떨까요?
A : 좋습니다.

주

- Why : 왜
- tonight : 오늘밤
- kind : 종류
- want : 원하다.
- dinner : 저녁식사
- wonderful : 훌륭한
- restaurant : 식당
- sound : 들리다.

34. When can I see you again?

A: When can I see you again? Are you busy these days?

B: Yes, I am very busy except Sunday.

A: What time are you free on Sunday?

B: You can see me any time you want.

34. 언제 당신을 다시 뵐 수 있을까요?

A : 언제 당신을 다시 뵐 수 있을까요?
　　요즘 바쁘세요?
B : 예, 일요일 이외엔 몹시 바쁩니다.
A : 일요일에는 언제 시간이 있으세요?
B : 원하시는 때 언제든지 절 만날 수 있읍니다.

주

- when : 언제
- again : 다시
- except : ～이외에
- free : 자유로운
- can : 할 수 있다.
- these days : 요즈음
- Sunday : 일요일
- any time : 어느 때라도

35. **Pardon me**?

A : When will you get married?

B : Parden me? Will you please say it again?

A : When will you get married?

B : I don't know exactly. But I want to get married Soon.

35. 다시 한번 말씀해 주세요?
   (되물을때)

A : 당신은 언제 결혼하실 겁니까?
B : 뭐요? 다시 한번 말씀해 주세요?
A : 언제 결혼하실 겁니까?
B : 정확히는 모르겠어요.
   그러나 곧 결혼하고 싶어요.

주

- pardon : 용서, 사면, 죄송합니다(사과할 때).
   실례합니다(말을 걸때, 자기 주장을 할때).
   뭐라고요? (되물을때)
- please : 부디, 정중한 표현에 사용.
- get married : 결혼하다.
- say : 말하다.
- but : 그러나
- exactly : 정확히
- soon : 곧

36. Do you want some milk?

A : You look very tired.

B : Yes, I was so busy all day long.

A : Do you want some milk?

B : No, thank you.

  I just want to take a bath.

36. 우유좀 드시겠어요?

A : 무척 피곤해 보이시는 군요.
B : 예, 온종일 바빴어요.
A : 우유 좀 드시겠어요?
B : 아니 괜찮읍니다.
　　전 단지 목욕이나 했으면 합니다.

주

- look : 보이다.
- all day long : 온종일
- just : 단지
- take a bath : 목욕하다.
- so : 아주, 꽤.

37. Would you like some ice cream?

A : Would you like some ice cream?

B : No, thank you. I'm full now.

A : Would you like some juice?

B : Well, I'll have a little juice.

37. 아이스크림 좀 드시겠어요?

A : 아이스크림 좀 드시겠어요?
B : 아니, 괜찮읍니다.
   전 지금 배불러요.
A : 쥬스 좀 드시겠어요?
B : 글쎄요, 쥬스 조금만 먹겠어요.

주

- full : 충분한, 가득한.
- juice : 쥬스
- a little : 약간, 조금.
- well : 「글쎄」, 잘.
* many와 much의 비교
  many (많은) : 셀 수 있는 명사 앞에 붙는다.
  much (다량의) : 셀 수 없는 명사 앞에 붙는다.

38. Let's have something else

A : What do you want for dinner?
Do you want Curry and rice?

B : Well, it's hot a little.
So, I don't like that.
Let's have something else.

A : O.K, how about pine apple?

B : That's good.

38. 다른 것을 먹읍시다

A : 저녁식사로 뭘 드시고 싶습니까?
  카레라이스 원하세요?
B : 글쎄요, 그건 약간 매워요.
  그래서 좋아하지 않아요.
  다른것 먹읍시다.
A : 좋아요, 파인애플은 어떻읍니까?
B : 좋읍니다.

주

- Let's : ~을 합시다(권유할 때).
- something else : 다른 것
- curry and rice : 카레라이스
- hot : 뜨거운, 매운.

39. How's the weather today?

A : How's the weather today?
B : Fine.
A : Yes, it's much better than yesterday.
B : What's the weather forecast for tomorrow?
A : They say it will rain.
B : That sounds bad.
A : I feel the same way.

39. 오늘은 날씨가 어떻습니까?

A : 오늘 날씨가 어떻습니까?
B : 좋습니다.
A : 네, 어제보다 훨씬 좋아요.
B : 내일 일기예보는 어떻습니까?
A : 비 올거라고 하더군요.
B : 안 좋군요.
A : 동감입니다.

주

- How is ~ : ~은 어떻읍니까?
- fine : 좋은
- forecast : 일기예보
- bad : 나쁜
- same : 같은
- better : 더 좋은
- rain : 비
- feel : 느끼다.
- way : 방법, 길.

40. What time is it?

A : What time is it?

B : It's twenty-five past eight.

A : My watch is ten minutes slow.

B : What time does the meeting begin?

A : It's scheduled to begin at nine.

B : We'll be late. Let's hurry.

40. 몇 시입니까?
   (시간을 물을때)

A : 몇 시입니까?
B : 8시 25분입니다.
A : 제 시계는 10분 느립니다.
B : 회의는 몇 시에 시작하죠.
A : 9시에 시작될 예정입니다.
B : 늦겠군요. 서두릅시다.

주

- time : 시간
- watch : 시계
- twenty-five : 25
- minute : 분
- scheduled : 예정된
- past : 과거, …을 지나서.
- slow : 느린
- eight : 8 (여덟)
- begin : 시작하다.
- hurry : 서두르다.

41. What is the date?

A: What is the date?

B: It is February the seventh.

A: When does your winter vacation finish?

B: It will finish after about one month.

So, I must prepare for my new semester.

41. 오늘이 몇 일입니까?

A : 오늘이 몇 일입니까?
B : 2월 7일입니다.
A : 당신의 겨울 방학은 언제 끝납니까?
B : 약 한 달쯤 지나면 끝나게 됩니다.
그래서, 난 새학기 준비를 해야 합니다.

주

- date : 날짜
- seventh : 제 7 일
- winter vacation : 겨울방학
- finish : 마치다, 끝나다.
- prepare : 준비하다.
- semester : 학기

※월에 관한 단어

January : 1월	June : 6월	November : 11월
February : 2월	July : 7월	December : 12월
March : 3월	August : 8월	
April : 4월	September : 9월	
May : 5월	October : 10월	

42. Where are you from?

A : Where are you from?

B : I am from Brazil.

A : What is Brazil famous for?

B : Brazil is famous for coffee.

42. 당신은 어디서 오셨읍니까?

A : 당신은 어디서 오셨읍니까?
B : 나는 브라질에서 왔읍니다.
A : 브라질은 무엇으로 유명합니까?
B : 브라질은 커피로 유명합니다.

주

- where: 어디에
- from : ～로 부터
- be famous for : ～로 유명한

43. Is your mother busy now?

A : I want to see your mother.
Is she busy now?

B : Yes, she is busy.
She is making Kimchi now.

A : Is Kimchi delicious?

B : No. It is hot a little.

43. 지금 당신의 어머니는 바쁘신가요?

A : 나는 당신의 어머니를 만나뵙고 싶은데요.
그녀는 지금 바쁘십니까?
B : 예, 그녀는 지금 바쁩니다.
그녀는 김치를 만들고 계십니다.
A : 김치는 맛있나요?
B : 아니요, 그것은 좀 매워요.

주

- busy : 바쁜
- now : 지금
- she : 그녀 (여자를 가리키는 대명사)
- see : 만나다, 보다.
- make : 만들다.
- delicious : 맛있는
- hot : 뜨거운, 매운.
- a little : 조금, 약간.

44. I have a headache

A : I have a headache.

B : When did your headache start?

A : The pain started this morning.

B : Did you take any medicine?

A : Not yet.

B : You'd better take a medicine.

44. 나는 머리가 아픕니다

A : 나는 머리가 아픕니다.
B : 언제부터 머리가 아프기 시작했읍니까?
A : 오늘 아침부터 아프기 시작했읍니다.
B : 어떤 약을 드셨나요?
A : 아직 안 먹었읍니다.
B : 당신은 약을 드시는게 좋읍니다.

주

- headache : 두통
- start : 시작하다, 출발하다.
- pain : 고통, 통증.
- this morning : 오늘아침
- take : 먹다, 가지고가다, 취하다.
- medicine : 약
- yet : 아직

45. Where is your school?

A : Where is your school?

B : It's near Seoul Station.

A : Do you take a bus from City Hall?

B : Yes, I do.

A : How can I get to your school? Is it difficult to find your school?

B : No, it isn't. I'll draw you a map.

45. 당신의 학교는 어디에 위치합니까?

A : 당신의 학교는 어디에 위치합니까?
B : 서울역 근처에 있읍니다.
A : 당신은 시청에서 버스타고 갑니까?
B : 예, 그렇읍니다.
A : 내가 당신의 학교를 어떻게 찾아가죠?
　　당신네 학교 찾기가 어렵습니까?
B : 아니오, 그렇지 않읍니다.
　　제가 지도를 그려 드리죠.

주

- where : 어디에 (장소를 물을때)
- near : 근처
- take a bus : 버스타다.
- City Hall : 시청
- draw : 그리다.
- difficult : 어려운
- map : 지도

46. Do you have a free time tomorrow?

A : I want to have lunch with you.

Can you come over for lunch?

B : I'm afraid not.

I'm so busy today.

A : Do you have a free time tomorrow?

B : Yes, I do.

46. 내일은 한가한 시간이 있읍니까?

A : 나는 당신과 함께 점심을 먹고 싶습니다.

점심을 함께 할 수 있을까요?

B : 유감스럽습니다.

오늘은 무척 바빠요.

A : 내일은 한가한 시간이 있읍니까?

B : 예, 그렇읍니다.

주

- lunch : 점심
- so : 매우
- free : 자유로운, 한가한.
- tommorrow : 내일

※yesterday : 어제
 the day before yesterday : 그저께
 the day after tomorrow : 모레
 every day : 매일
 in a few days : 2, 3일 이내
 some other day : 조만간
 this week : 이번주
 next week : 다음주
 every week : 매주

47. I am a stranger here

A : Excuse me. Could you tell me where the Lotte Hotel is?
I am a stranger here.

B : Turn to the left at the first crossing this road.

A : Thank you for your kindness.

B : You're welcome.

47. 난 여기가 처음인데요

A : 실례합니다. 롯데 호텔이 어디에 있는지 가르쳐 주시겠읍니까?
전 여기가 처음입니다.
B : 이 길 첫째 네거리에서 왼쪽으로 도십시오.
A : 친절히 가르쳐 주셔서 감사합니다.
B : 천만에요.

주

- here : 여기에
- turn : 돌다.
- cross : 가로지르다.
- kindness : 친절
- stranger : 타인, 남.
- left : 왼쪽
- road : 길
- welcome : 환영하다.

＊You're welcome : 천만에 말씀.

48. Let's take a short rest

A : You look tired.
   Shall we take a rest?

B : Yes, Let's take a short rest.

A : There's a coffee shop near here.

B : Let's go.

A : Are you feeling under the weather?

B : My head is killing me.

A : You've been working hard.

48. 잠시 쉽시다

A. 피로해 보이는군요. 우리 휴식을 취할까요?
B : 예, 잠시 쉽시다.
A : 이 근처에 다방이 있읍니다.
B : 갑시다.
A : 몸이 불편하십니까?
B : 머리가 깨어지는 것 같군요.
A : 열심히 일하셔서 그래요.

주

- take a short rest : 잠시 쉬다.
- shall we ~ : ~할까요?
- tired : 지친
- a coffee shop : 다방
- head : 머리
- kill : 죽이다.
- hard : 열심히

49. Telephone for you

A : Miss Park, Telephone for you.

B : Who is it?

A : I don't know exactly.
   Maybe it's your friend.

B : All right, Put him through.

49. 전화 왔읍니다

A : 미스 박, 전화 왔읍니다.
B : 누구인가요.
A : 정확히는 모르겠어요.
    아마 당신 친구분인가봐요.
B : 좋아요, 연결해 주세요.

주

- for : ~에게
- all right : 좋다.
- put : 두다.
- him : 그를
- through : ……을 통하여
- exactly : 정확히
- maybe : 아마도

※ put에 관한 단어
  put aside : 제쳐두다.
  put off : 연기하다.
  put on : 입다, 차리다.
  put to use : 사용하다.

50. What number did you dial?

A : Hello?

B : Is Mr. Lee there?

A : No one here by that name. What number did you dial?

B : 862-2645

A : You have the wrong number.

B : I'm sorry.

A : That's all right.

50. 몇 번을 돌리셨어요?

A : 여보세요?
B : 미스터 리 있읍니까?
A : 그런분 여기 안 계신데요.
　　몇 번을 돌리셨어요?
B : 862 - 2645
A : 전화를 잘못 거셨읍니다.
B : 미안합니다.
A : 괜찮습니다.

주

- that : 그것
- name : 이름, 성명.
- number : 숫자
- dial : 다이얼

※ 전화에 관한 단어
　public telephone : 공중전화
　telephone directory : 전화번호부
　long-distance call : 장거리전화
　operator : 교환원

51. May I speak to Mr. Kang?

A : Mr. Kang's office.

B : Hello. May I speak to Mr. Kang?

A : He is having a meeting now.

B : Would you ask him to call Miss. Min at 272-6265 after meeting?

A : Yes, Sure.

51. 미스터 강 좀 바꾸어 주세요?

A : 미스터 강 사무실입니다.

B : 여보세요, 미스터 강 좀 바꾸어 주세요.

A : 그는 지금 회의중이신데요.

B : 회의 끝나고 272-6265의 미스민에게 전화 좀 해 달라고 전해 주시겠어요?

A : 예, 물론이죠.

주

- speak : 말하다.
- sure : 확실한, 틀림없는.
- office : 사무실
- * would :「～할 수 있을 것이다.」라는 미래의 일을 표현하기 위해 쓰이는 조동사로서 will의 과거형. would는 「말하는 이의 희망을 나타낼 때도 쓰임.」

52. How much is an airmail letter to New York?

A : I'd like to send this airmail.

B : What are the contents?

A : It's a printed matter.

B : We'll have to weigh it and see.

A : How much is an airmail letter to New York?

B : I'll have to check.

52. 뉴욕까지의 항공 우편은 얼마입니까?

A : 이것 좀 항공 우편으로 보내려고 합니다.
B : 내용물이 무엇입니까?
A : 인쇄물입니다.
B : 중량을 달아 보겠읍니다.
A : 뉴욕까지의 항공 우편은 얼마입니까?
B : 알아보겠읍니다.

주

- I'd like : ~하고 싶다.
- printed matter : 인쇄물
- content : 내용, 중량.
- else : 그 밖의
- send : 보내다.
- stamp : 우표
- air mail : 항공, 우편.

※ 우편에 관한 단어
post-office : 우체국
post card : 우편엽서
regular mail : 보통우편
letter : 편지
express delivery : 속달
parcel : 소포

53. How far is it from here?

A: Take me to the Chosun Hotel.

B: All right, sir.

A: How far is it from here?

B: About three kilometers.

A: It's a long distance. How long will it take?

B: About thirty minutes.

A: Can you drive a little fast?

B: No, I can't.

53. 여기서 거리가 얼마나 됩니까?

A : 조선 호텔까지 부탁합니다.
B : 좋읍니다.
A : 여기서 거리가 얼마나 됩니까?
B : 약 3km쯤 됩니다.
A : 먼 거리군요.
　　시간은 얼마나 걸립니까?
B : 약 30분 정도 걸립니다.
A : 좀 빨리 달릴 수 있읍니까?
B : 아니오, 그럴 수는 없읍니다.

주

- far : 멀리, 먼.
- sir : 선생님(남자에 대한 존칭)
- long : 긴
- about : 약, 대강.
- minute : 분

54. **Where do you live, Mr. Yoon?**

A : Where do you live, Mr. Yoon?

B : I live in Suwon.

A : Your office is in Inchon, right?

B : Yes, it is.

A : Do you drive to your office?

B : No, I go by train.

54. 미스터 윤, 당신은 어디에 살고 있읍니까?

A : 미스터 윤, 당신은 어디에 살고 있읍니까?

B : 나는 수원에 살고 있읍니다.

A : 당신의 사무실은 인천에 있죠, 그렇죠?

B : 예, 그렇습니다.

A : 당신의 사무실까지 자가용으로 가십니까?

B : 아니요, 전철로 갑니다.

주

- live : 살다.
- I live in : 나는 ~에 산다.
- drive : 운전하다.
- by : ~로
- train : 전철, 열차.

※ little에 관한 숙어

  little by little : 조금씩   a little while : 잠시

55. Spring is a good season

A : It's been drizzling all day.

B : It'll help the new buds come out.

A : It's good for the rice paddies, too.

B : Spring is a good season, isn't it ?

A : Yes, it is.

55. 봄은 참 좋은 계절이죠

A : 온종일 이슬비가 내리는 군요.
B : 새싹이 돋아나는데 많은 도움이 될 거예요.
A : 논에도 역시 좋구요.
B : 봄은 참 좋은 계절이죠, 그렇죠?
A : 예 그렇습니다.

주

- drizzle : 가랑비
- come out : 드러나다.
- season : 계절
- plan : 계획
- new bud : 새싹
- rice : 쌀
- special : 특별한
- take a trip : 여행하다.

56. I'm a teacher.

A : May I ask what you do?

B : I'm a teacher.

A : What subject do you teach?

B : I am teaching English at girls' high school.

A : Do you think teaching is a good job?

B : Yes, I do. I'll devout my life to education.

56. 나는 선생님입니다.

A : 무슨 일을 하시는지 물어봐도 됩니까?
B : 나는 선생님입니다.
A : 당신은 무슨 과목을 가르치십니까?
B : 나는 여자 고등학교에서 영어를 가르치고 있읍니다.
A : 가르치는 직업이 좋다고 생각하십니까?
B : 예, 그렇읍니다. 전 일생을 교육에 헌신할 겁니다.

주

- teacher : 선생님
- subject : 과목
- girls' high school : 여자 고등학교
- job : 일, 직업.
- devout : 바치다, 헌신하다.
- education : 교육

57. May I ask a favor of you?

A: May I ask a favor of you?

B: Of course. What can I do for you?

A: Can you deliver it to my home?

B: Certainly. By the way, are you busy?

A: Yes, I must go to the Kimpo airport right now.

57. 부탁을 드려도 될까요?

A : 제가 당신께 부탁을 드려도 될까요?
B : 물론이죠. 무엇을 도와드릴까요?
A : 이것을 우리집까지 배달해 주시겠어요?
B : 예, 그러지요. 그런데 당신은 바쁘십니까?
A : 예, 난 지금 김포공항에 가야만 해요.

주

- favor : 청, 도움.
- deliver : 배달하다.
- to : ~까지
- be scheduled to : ~할 예정이다.
- certainly : 확실히, 반드시.
- right now : 지금, 당장.
- husband : 남편
- airport : 공항

58. Do you want a shampoo?

A : How do you want your hair style?

B : Cut it short all over.

A : Do you want a shampoo?

B : No, I don't.

A : You need to dye your hair if I may suggest.

B : I will dye on the weekend.

58. 샴푸해 드릴까요 ?

A : 머리 스타일을 어떻게 해 드릴까요 ?
B : 전체적으로 짧게 잘라주세요.
A : 샴푸도 해 드릴까요 ?
B : 아니오, 됐읍니다.
A : 제 생각으로는 당신은 머리를 염색하셔야 겠어요.
B : 전 주말에 할 겁니다.

주

- cut : 자르다.
- short : 짧은
- shampoo : 샴푸
- hair : 머리카락
- dye : 염색하다.
- weekend : 주말

59. Coffee would be fine

A : What do you want?

B : I'll try a steak sandwich.

C : I'd like to have a bulgogi.

A : What would you like to drink?

B : Coffee would be fine.

C : Make it the same.

A : All right. Thank you.

59. 커피가 좋겠어요

A : 무엇을 드시겠읍니까?
B : 스테이크 샌드위치 하나 먹겠어요.
C : 전 불고기로 하겠읍니다.
A : 마실것은 뭘 드릴까요?
B : 커피가 좋겠어요.
C : 같은 걸로 하겠읍니다.
A : 알겠읍니다. 감사합니다.

주

- try : 노력하다.
- steak : 두껍게 썬 고기
- sandwich : 샌드위치
- drink : 마시다.
- bulgogi : 불고기
- same : 같은

60. May I help you?

A : May I help you?

B : I'd like a Hamburger, please.

C : A Coke, please.

A : Here, or to go?

B : To go.

C : I want to have here.

A : OK, Sit down and I'll get it.

60. 어서 오세요?

A : 어서 오세요.
B : 햄버거 하나만 주세요.
C : 코카 콜라 주세요.
A : 여기서 드실래요, 아니면 싸 가실래요?
B : 가져 가겠읍니다.
C : 전 여기서 먹겠읍니다.
A : 예, 앉아 계시면 가져다 드리죠.

주

- Hamburger : 햄버거
- get : 얻다.
- coke : 코카 콜라
- sit down : 앉다.
- please : 상대방에게 정중한 부탁을 할때.
- stand up : 일어서다.

61. I am just looking.

A : What do you want?

B : I am just looking.

A : All right.
In case you need help,
call me.

B : How late are you open?

A : We'll be closed at seven.

B : Will you be open tomorrow?

A : No, it's a national holiday.

61. 그저 구경 좀 하고 있읍니다.

A : 무엇을 찾으세요?
B : 저는 그저 구경 좀 하고 있읍니다.
A : 알겠읍니다.
　　도움이 필요하시면 절 불러 주십시요.
B : 상점을 몇 시까지 엽니까?
A : 오후 7시에 닫습니다.
B : 내일 문을 여십니까?
A : 아니오, 내일은 공휴일입니다.

주

- help : 돕다.
- in case : 경우에
- call me : 나를 부르다.　　※call에 관한 숙어
- open : 열다.　　　　　　　call at : 방문하다, 들르다.
- close : 닫다. 폐점하다.　　call for : 부르다.
- national holiday : 공휴일　call on : (사람을) 방문하다.

62. How much?

A : How much is that fountain pen?

B : Five dollars.

A : How much is this hat?

B : Ten dollars.

A : Too expensive. Can you come down a little?

B : Sorry, we don't discount.

A : I will take this fountion pen.

62. 얼마입니까?

A : 이 만년필 얼마입니까?
B : 5 달러입니다.
A : 이 모자는 얼마입니까?
B : 10달러입니다.
A : 너무 비싸군요.
　　좀 싸게 안될까요?
B : 미안하지만 할인판매는 안하는데요.
A : 이 만년필을 사겠읍니다.

주

- How much? : ~얼마입니까?
- fountain pen : 만년필
- expensive : 비싼
- come down : (값이) 내리다.
- discount : 할인
- gift : 선물
- wrap : 싸다, 포장하다.

63. What do you think of this tie?

A : Your Y-shirt color looks good on you.

B : Thank you. What do you think of this tie?

A : It looks good on you, too.

B : What about the color?

A : It goes well with your suit.

B : Thank you.

63. 이 타이는 어떻습니까?

A : 당신의 와이셔츠 색깔이 당신에게 잘 어울리는군요.
B : 감사합니다.
  이 타이는 어떻습니까?
A : 그것 또한 당신께 잘 어울려요.
B : 색깔은 어떻습니까?
A : 입으신 양복과 잘 어울립니다.
B : 감사합니다.

주

- tie : 타이
- look good on : ～에 잘 어울리다.
- color : 색깔
- suit : 양복
- think : 생각하다.
- department store : 백화점

64. That's very pretty

A : What do you think of this dress?

B : That's very pretty.

A : Thank you. It was a steal.

B : How much did you pay?

A : Ten dollars.

B : It's a real good buy.

64. 참 예쁘군요

A : 이 드레스 어떻습니까?
B : 참 예쁘군요.
A : 고맙습니다. 아주 싸게 샀어요.
B : 얼마 줬는데요.?
A : 10달러 줬어요.
B : 정말 싸게 사셨네요.

주

- dress : 옷
- steal : 장물, 횡재.
- pay : 지불하다.
- pretty : 꽤, 아주, 매우.
- real : 정말의, 실제의.

※ 백화점에 관한 단어
 department : 매장
 bargain sale : 염가매출
 counter : 계산대
 sales clerk : 점원
 showcase : 진열장

65. What flower is this?

A : What flower is this?

B : It's a rose.

A : What kind of colors does the rose have?

B : Several.
There are yellow, white, red, pink, and so on.

A : Are there carnations?

B : Yes, there are.

65. 이것은 무슨 꽃입니까?

A : 이것은 무슨 꽃입니까?
B : 그것은 장미입니다.
A : 장미에는 어떤 종류의 색깔들이 있읍니까?
B : 몇 가지가 있읍니다.
　　노랑색, 하얀색, 빨강색, 분홍색 등 등이 있죠.
A : 카네이션도 있읍니다.
B : 예, 있읍니다.

주

- flower : 꽃
- rose : 장미
- kind : 종류
- several : 몇몇개
- so on : 등등
- carnation : 카네이션
- pink : 분홍색
- red : 빨강색
- white : 흰색
- yellow : 노랑색

66. What's wrong with you?

A : How are you this morning?

B : I'm feeling under the weather.

A : What's wrong with you?

B : I have a bad cold. I overworked yesterday.

A : Take care of your health. Health is the most important thing in our life.

66. 무슨 좋지 않은 일이라도 있으십니까?

A : 오늘 아침 어떠십니까?
B : 몸이 불편합니다.
A : 무슨 좋지 않은 일이라도 있으십니까?
B : 지독한 감기에 걸렸읍니다.
   어제 과로했거든요.
A : 건강 조심하십시요.
   건강이 우리 생활에 가장 중요한 것입니다.

주

- wrong : 나쁜
- feel : 느끼다.
- under : 아래
- weather : 날씨
- cold : 추운, 감기.
- take care of ~ : ~을 돌보다, 조심하다.
- health : 건강
- important : 중요한

67. Thank you for your help

A : Thank you for your help.

B : Don't mention it.

A : You're a good friend.

B : I'm glad you feel that way.

A : By the way, what is your occupation ?

B : I am a book salesman.

A : What book do you sell ?

B : Picture books for children.

67. 도와주셔서 고맙습니다

A : 도와주셔서 고맙습니다.
B : 천만에요.
A : 당신은 좋은 친구입니다.
B : 그렇게 생각해주니 기쁘군요.
A : 그런데, 당신의 직업은 무엇입니까?
B : 난 책 판매원입니다.
A : 어떤 책을 파시는데요.
B : 어린이들을 위한 그림책이죠.

주

- help : 돕다.
- Don't mention it : 천만에요.
- glad : 기쁜
- way : 길, 방법.
- by the way : 그런데
- occupation : 직업
- picture : 그림
- children : 어린이들

68. What's the matter?

A : Can you give me a hand?

B : What's the matter?

A : My car is out of order.

B : What make is it?

A : It doesn't move at all.

B : Is that right? I'll take care of it.

68. 무슨 일이지요?

A : 좀 도와 주시겠읍니까?
B : 무슨 일이지요?
A : 제 차가 고장이 났어요.
B : 어떻게 고장났읍니까?
A : 전혀 움직이질 않아요.
B : 그래요? 제가 고쳐 드리죠.

주

- out of order : 고장나다.
- matter : 문제
- move : 움직이다.
- not ~ at all : ~전혀 ……않다.

69. Should I check the battery?

A : Fill it up with unleaded gas.

B : Should I check your battery?

A : No, thank you.
How much is it?

B : Twenty dollars.

69. 바테리를 좀 봐드릴까요?

A : 언레딧 개스로 가득 채워주세요.

B : 바테리도 좀 봐 드릴까요?

A : 아니요, 괜찮읍니다.
　　얼마입니까?

B : 20달러입니다.

주

- should : shall의 과거 (말하는 이의 의지를 나타낼때 쓰임)
- fill up : 채우다.
- check : 검사하다.
- battery : 바테리, 전지.

70. Where is Seoul station?

A : Where is Seoul station?

B : Turn left at the next corner.

A : Can I buy a train ticket for Suwon there?

B : Of course.

A : Oh, thank you.

B : You're welcome.

70. 서울역이 어디 있읍니까?

A : 서울역이 어디 있읍니까?
B : 다음번 모퉁이에서 왼쪽으로 돌아가시요.
A : 거기서 수원행 전철표를 살 수 있읍니까?
B : 물론이죠.
A : 오, 감사합니다.
B : 천만에요.

주

- left : 왼쪽
- station : 역
- train ticket : 전철표
- corner : 모퉁이
- of course : 물론

※turn에 관한 숙어
turn aside : 빗나가다.
turn away : 쫓아내다.
turn to : ~에 착수하다.
by turns : 교대로
in turn : 차례로

71. Can you join with me for dinner?

A : Hello, May I speak to Mr. Kim?

B : This is he. Who is calling?

A : This is Mr. Park.

Today is my birthday.

Can you join with me for dinner?

B : Sure, I can.

Happy birthday.

71. 저녁 함께 할까요?

A : 여보세요, 미스터 김 좀 바꿔주세요?
B : 전데요, 전화하신 분이 누구십니까?
A : 저는 미스터 박입니다. 오늘이 제 생일이거든요. 저와 저녁 함께 할 수 있읍니까?
B : 그럼요, 생일을 축하드립니다.

주

- happy : 행복한
- join : 가입하다, 함께 하다.
- dinner : 저녁
- birthday : 생일

72. What a beautiful sky !

A : What a beautiful sky ! Do you have something to do today ?

B : No, I don't.

A : Then, why don't you go on a picnic with me ?

B : O.K, That's a good idea.

A : What is the best place to go ?

B : How about So Yang River at Choon Chun ?

72. 날씨가 참 좋군요!

A : 날씨가 참 좋군요!
   오늘 할 일 있으세요?
B : 아니오, 없읍니다.
A : 그럼 저와 함께 피크닉 가시지 않겠어요?
B : 좋습니다. 참 좋은 생각이예요.
A : 어디가 제일 좋을까요?
B : 춘천에 있는 소양강이 어떨까요?

주

- sky : 하늘
- something : 뭔가
- go on a picnic : 소풍가다.
- idea : 생각
- best place : 가장 좋은 곳

73. How about this one?

A : Let me see that tie in the showcase.

B : Which one, sir.

A : That red one.

B : This one?

A : Yes. How much is it?

B : Twenty thousand won, sir.

A : Too expensive! Have you anything cheaper?

B : How about this one?

73. 이것은 어떻습니까?

A : 진열장에 있는 저 타이 좀 보여 주십시오.
B : 어느것 말입니까, 선생님.
A : 저 빨강색 말입니다.
B : 이것 말입니까?
A : 예, 얼마입니까?
B : 2만원입니다.
A : 너무 비싸군요!
   조금 싼 것은 없읍니까?
B : 이것은 어떻습니까?

주

- showcase : 진열장
- cheap : 값이 싼
- expensive : 비싼
- thousand : 천
- How about ~ : ~은 어떤가.

74. I want to get an umbrella

A : Is it raining outside?

B : Yes, it is raining a lot.

A : I want to get an umbrella. Where do I have to go?

B : You'd better go to the Department store.

A : I see. What is the nearest Department store here?

B : Midopa.

74. 우산 하나 살려고 하는데요

A : 밖에 비가 옵니까?
B : 예, 아주 많이 내리고 있어요.
A : 우산 하나 살려고 하는데요.
　　어디로 가야 할까요?
B : 백화점에 가시는 게 좋을겁니다.
A : 알았읍니다. 여기서 가장 가까운 백화점이 무엇입니까?
B : 미도파 백화점요.

주

- umbrella : 우산
- rain : 비
- kindness : 친절

75. May I try it on?

A : I want a dress.

B : How about this one?

A : May I try it on?

B : Of course.

A : Do you think it will fit me?

B : Yes, it will look good on you. This dress is quite popular this year.

75. 입어 봐도 됩니까?

A : 드레스 한벌 사려는데요.
B : 이것은 어떻습니까?
A : 입어봐도 됩니까?
B : 물론입니다.
A : 이것이 나에게 맞을거라고 생각하십니까?
B : 예, 그것은 당신에게 아주 잘 어울릴 겁니다.
  이 드레스는 올해 아주 유행입니다.

주

- try on : 옷을 입어보기
- dress : 옷
- fit : 적당한
- popular : 인기있는, 유행의.
- quite : 아주, 확실히.

76. You must have got the wrong number

A : Hello.

B : Hello, May I speak with Mr. Kang?

A : There is no-one by that name here. You must have got the wrong number.

B : Is this 267-5511.

A : No, it isn't.

76. 전화를 잘못거신 것같읍니다

A : 여보세요.

B : 여보세요, 미스터 강 계십니까?

A : 여기 그런 사람 없는데요.
   전화를 잘못거신 것 같읍니다.

B : 거기가 267 – 5511 아닙니까?

A : 아닌데요.

주

- name : 이름
- no-one by that name : 그런 사람이 없읍니다.
- wrong number : 잘못온 전화
- I am very sorry : 미안하다, 죄송하다.

77. Let's take a picture

A : What a wonderful view!

B : Let's take a picture.

A : Do you have a nice camera?

B : Yes. But I'm a poor photographer.

A : I wouldn't say that.

B : No, I'm just a beginner.

77. 사진 찍읍시다

A : 경치가 참 훌륭한데요!
B : 사진 찍읍시다.
A : 당신은 좋은 사진기를 가지고 계세요?
B : 예, 하지만 사진찍는 기술이 형편없어요.
A : 그렇게 생각치 않는데요.
B : 아닙니다, 전 초보자예요.

주

- nice : 좋은
- camera : 사진기
- poor : 가난한, 빈약한.
- photograph : 사진
- beginner : 초보자
- take a picture : 사진 찍다.
- view : 경치

78. What time does the last play start?

A : Is this the Sejong Cultural Center?

B : Yes, it is.

A : What's playing today?

B : "London Symphony Orchestra"

A : What time does the last play start?

B : The last starts at eight p.m.

78. 마지막 회가 몇 시에 시작됩니까?

A : 세종문화 회관입니까?
B : 예, 그렇습니다.
A : 오늘 프로가 뭡니까?
B : 런던 교향악단 연주입니다.
A : 마지막회가 몇 시에 시작됩니까?
B : 마지막회는 오후 8시에 시작합니다.

주

- Symphony Orchestra : 교향악단
- last : 마지막
- start : 출발하다.
- admission : 입장료
- adult : 어른, 성인.

79. Do you often watch television?

A : What's on T.V. now?

B : A news show.

A : What's on another channel?

B : There's a musical.

A : Do you mind if we watch it?

B : I like a musical.

A : Do you often watch television?

B : Yes. I watch a lot.

79. T.V를 자주 시청하십니까?

A : T. V에서 지금 뭐합니까?
B : 뉴스합니다.
A : 다른 채널에서는 뭘 합니까?
B : 음악영화요.
A : 그걸 봐도 괜찮겠어요?
B : 예, 나는 음악영화를 좋아합니다.
A : T. V를 자주 시청하십니까?
B : 예, 많이 봅니다.

주

- program : 프로그램
- soaps : 연속극
- musical : 음악 영화
- mind : 마음 (~꺼리다.)

80. What is your best sports?

A: What is your best sports?

B: I love baseball.

A: Baseball is popular in Korea, isn't it?

B: Yes, it is. Korea has seven professional baseball teams.

A: In America, American football is the most popular.

80. 무슨 스포츠를 가장 좋아합니까?

A : 무슨 스포츠를 가장 좋아하십니까?
B : 전 야구를 무척 좋아합니다.
A : 야구가 한국에서 무척 인기가 있죠, 그렇죠?
B : 예, 그렇습니다.
한국에는 7개의 프로 야구팀이 있어요.
A : 미국에서는 미식축구가 가장 인기가 있읍니다.

주

- baseball : 야구
- football : 축구
- professional : 직업의
- popular : 인기있는
- most : 가장

81. Do you like to listen to music?

A : Can you sing a pop song for me?

B : Well, I don't sing a song very well. I have a cold.

A : Do you like to listen to music?

B : Yes, I do. Especially, I like Beethoven's "Unfinished Symphony."

81. 당신은 음악듣길 좋아합니까?

A : 당신은 팝송 한 곡 부르시겠읍니까?
B : 글쎄요, 전 노래를 썩 잘하지 못합니다.
감기가 들었거든요.
A : 당신은 음악듣길 좋아합니까?
B : 예, 그렇습니다.
특히, 베토벤의 미완성 교향곡을 좋아합니다.

주
- singer : 가수
- song : 노래
- especially : 특히
- Unfinished Symphony : 미완성 교향곡

82. I am thirsty

A : Today is terribly hot, isn't it?

B : Certainly. It is a sizzling hot day.

A : I am very thirsty because of this hot weather.

B : Me, too. Let's have something to drink.

A : What season is it now in England?

B : It's summer now.

82. 목이 마릅니다

A : 오늘 날씨가 무척 덥죠, 그렇치 않읍니까?
B : 예, 그래요. 푹푹 찌는 무더운 날씨입니다.
A : 이 무더운 날씨 때문에 목이 마르군요.
B : 저도 그렇읍니다. 뭘 좀 마십시다.
A : 영국에는 지금 무슨 계절입니까?
B : 지금 여름이예요.

주

- hot : 더운
- terribly : 매우, 지독히.
- sizzle : 지글지글 끓다.
- thirsty : 목마른
- season : 계절
- England : 영국

83. Can you speak Korean?

A : Can you speak Korean?

B : Not very well. Just a little.

A : How long have you been in Korea?

B : I've been here for six months.

A : Are you enjoying in Korea?

B : Yes, I am. There are differences between Korea and my country in many aspects.

83. 한국 말 할 줄 아세요?

A : 한국 말 할 줄 아세요?
B : 썩 잘하진 못합니다. 조금 합니다.
A : 한국에 오신지 얼마나 되셨읍니까?
B : 6개월 됐읍니다.
A : 한국에서 재미있게 지내십니까?
B : 예, 그렇습니다.
　　한국과 저희 나라는 여러가지 면에서 차이점이 있읍니다.

주

- difference : 차이
- aspect : 양상, 국면.
- Korean life : 한국생활
- between : ～사이
- country : 나라

84. Do you like Korean weather?

A: What do you think of Korea?

B: I think Korea is very beautiful. There are many beautiful mountains and rivers.

A: Do you like Korean weather?

B: Yes, I do.

84. 당신은 한국의 날씨를 좋아합니까?

A : 당신은 한국을 어떻게 생각하십니까?
B : 한국은 참 아름답다고 생각합니다.
　　 많은 아름다운 산들과 강들이 있고요.
A : 당신은 한국의 날씨를 좋아합니까?
B : 예, 그렇습니다.

주

- mountain : 산
- river : 강
- spring : 봄, 용수철.

85. What is your hobby?

A : Do you know what my hobby is?

B : No, I don't. What is it?

A : My hobby is collecting match boxes. I've got the match boxes from all over the world.

B : When did you start collecting them?

A : In my childhood.

85. 당신의 취미는 무엇입니까?

A : 당신은 저의 취미가 뭔지 아십니까?
B : 아니오, 모르겠는데요. 뭡니까?
A : 저의 취미는 성냥갑을 모으는 것입니다.
　　난 세계 전역으로 부터 성냥갑을 모았읍니다.
B : 당신은 언제부터 모으기 시작했읍니까?
A : 어릴때 부터요.

주

- hobby : 취미
- collect : 모으다.
- match box : 성냥갑
- world : 세계
- childhood : 어린시절

86. **How many family members do you have?**

A : How many family members do you have?

B : I have five.
My father, mother, sister, brother and me.

A : Is your sister married?

B : Yes, she is.
She got married ten years ago.

86. 가족이 몇 명이나 됩니까?

A : 가족이 몇 명이나 됩니까?
B : 5 명입니다.
   아버지, 어머니, 누나, 형님, 그리고 접니다.
A : 당신의 누나는 결혼하셨읍니까?
B : 예, 그렇습니다.
   그녀는 10년전에 결혼했어요.

주

- nephew : (남자) 조카
- ago : 전
- get married : 결혼하다.

87. The concert will begin soon

A: How crowded it is!

B: I believe the concert will begin soon.

A: Oh, there's the conductor now.

B: What's the first selection?

A: It's Chopin's Nocturne.

B: What kind of the music do you like?

A: I like classical music.

87. 연주회가 곧 시작될거예요

A : 관중이 상당하군요!
B : 연주회가 곧 시작될거예요.
A : 오, 지금 지휘자가 나오고 있어요.
B : 첫번째 곡목이 뭐죠?
A : 쇼팡의 야상곡이예요.
B : 당신은 어떤 종류의 음악을 좋아합니까?
A : 고전음악을 좋아합니다.

주

- concert : 연주회
- soon : 곧
- conductor : 지휘자
- selection : 곡목
- Nocturne : 야상곡
- classical : 고전의

88. **Where would you like to go?**

A : How about driving a car with me?

B : O.K. Where would you like to go?

A : We want to go to Chun An.

B : Is it a good place to drive?

A : Yes, Chun An is famous for beautiful trees.

88. 어디에 가시고 싶으십니까?

A : 저와 함께 드라이브 하는게 어때요?
B : 좋아요, 당신은 어디에 가시고 싶으세요?
A : 천안에 가고 싶어요.
B : 드라이브 하기가 좋은 장소입니까?
A : 예, 천안은 아름다운 나무들로 유명하죠.

주

- drive : 운전하다.
- be located in~ : ~에 위치하다.
- How about~ ? : ~하는게 어때?

89. I ate too much

A : Shall we go to the park?

B : I ate too much.

　　I never move.

A : I advised you not to eat too much.

B : But there were a lot of delicious food on the table.

　　I couldn't help eating too much.

A : It is not good for us to overeat for health.

89. 너무 많이 먹었어요

A : 공원에 갈까요?
B : 전 너무 많이 먹었어요.
   꼼짝도 못하겠어요.
A : 과식하지 말라고 충고해줬잖아요.
B : 그러나 식탁에 맛있는 음식들이 아주 많았어요.
   과식하지 않을 수 없었어요.
A : 과식하는 것은 건강에 좋지 않습니다.

주

- park : 공원
- health : 건강
- never : 결코 ……아니다.
- advise : 충고하다.
- delicious : 맛있는
- can't help ~ing : ~하지 않을 수 없다.
- overeat : 과식하다.

90. He was a great General

A : Have you ever heard of General Lee Soon Shin?

B : No, I have never heard of him.

A : He was a great General in Korea.

B : What did he do?

A : He defeated Japanese Navy in the war.

90. 그는 훌륭한 장군이었읍니다

A : 당신은 이 순신 장군에 대해서 들어 본 적이 있으십니까?
B : 아니오, 들어보지 못했읍니다.
A : 그는 한국의 훌륭한 장군이었읍니다.
B : 그가 뭘 했는데요.
A : 그는 전쟁에서 일본 해군을 무찔렀어요.

주

- turtle-boat : 거북선
- general : 장군
- Navy : 해군
- war : 전쟁

91. Are you sick?

A : You look pale.
Are you sick.

B : I am dizzy.
I am on a diet.

A : Why?

B : I have to diminish my weight.
I've become too fat.

A : No, You are just right.

91. 어디 편찮으세요?

A : 얼굴이 창백해 보입니다.
　　어디 편찮으세요?
B : 현기증이 나요.
　　지금 다이어트 중이거든요.
A : 왜요?
B : 제 체중을 줄여야 해요.
　　전 너무 뚱뚱하거든요.
A : 아닙니다. 당신은 딱 알맞아요.

- sick : 아픈
- pale : 창백한
- dizzy : 현기증나는
- diet : 식이요법
- diminish : 줄이다.
- weight : 체중
- fat : 뚱뚱한

92. You have a high temperature

A : I don't like winter.

B : Why?

A : I always have a bad cold in winter.

B : Do you have a cold now?

A : Of course. I have a fever.

B : Let me touch. You have a high temperature.

92. 열이 높군요

A : 전 겨울을 좋아하지 않아요.
B : 왜요?
A : 전 겨울엔 항상 독감이 걸리거든요.
B : 지금 감기 드셨어요?
A : 물론이죠, 열도 있어요.
B : 봅시다. 열이 높군요.

주

- temperature : 온도
- high : 높은
- bad cold : 독감
- fever : 열
- touch : 만지다.

93. Please give me some medicine

A : What can I do for you?

B : I feel bad.

A : What seems to be the problem?

B : I have a stomachache. Please give me some medicine.

A : Yes.

B : Thank you.

93. 약 좀 주시겠어요

A : 무엇을 도와드릴까요?
B : 기분이 언짢습니다.
A : 어디가 아프세요?
B : 위가 아파요.?
   약 좀 주세요.
A : 예.
B : 감사합니다.

주

- medicine : 약
- feel : 느끼다.
- problem : 문제
- stomach : 위
- stomachache : 위통

94. I can play the Guitar

A : What kind of music do you enjoy?

B : I like popular music.

A : Do you play any musical instrument?

B : Yes. I can play the Guitar. Can you?

A : No, I can't. I can play the violin.

94. 난 기타를 칠 수 있읍니다

A : 당신은 어떤 음악을 즐겨 듣습니까?
B : 전 대중음악을 좋아합니다.
A : 당신은 악기를 다룰 줄 아십니까?
B : 예. 전 기타를 칠 수 있읍니다.
　　당신도 칠 수 있읍니까?
A : 아니오. 전 못칩니다.
　　전 바이올린을 켤 줄 압니다.

주

- popular music : 대중음악
- musical instrument : 음악 악기
- Guitar : 키타
- Violin : 바이올린

95. Who do you live with?

A : Who do you live with?

B : I live with my mother, brother and sister. My father died of cancer last year.

A : I see.

B : Who do you live with?

A : I live with my brother and my nephews.

95. 누구와 함께 살고 있읍니까?

A : 누구와 함께 살고 있읍니까?
B : 저희 엄마, 오빠 그리고 언니와 함께 살고 있지요.
    나의 아버지는 지난해 암으로 돌아가셨어요.
A : 알았읍니다.
B : 당신은 누구와 함께 살고 있읍니까?
A : 난 오빠와 조카들과 함께 살지요.

주

- miss : 그리워하다, 보고싶다.
- nephew : 조카
- parents : 부모님
- live with : ~와 함께 살다.

96. Korea has a long history

A : What are you reading?

B : Korean history book.

A : Is it interesting?

B : Yes, Korea has a long history.
So, there are a lot of things to read.

A : Please lend it to me after you read over.

96. 한국은 역사가 오래된 나라예요

A : 당신은 무엇을 읽고 계십니까?
B : 한국 역사 책요.
A : 재미있읍니까?
B : 예, 한국은 역사가 오래된 나라예요. 그래서 읽을거리가 많습니다.
A : 다 읽으신 후에 제게 좀 빌려주세요.

주

- history book : 역사책
- interesting : 재미있는
- there are~ : ~이 있다.
- lend : 빌려주다.
- after : ~후에

97. Let's go Dutch

A : This is a good Chinese restaurant.

B : Yes, the food is very delicious.

A : This dinner is on me.

B : No, I will pay this time.

A : I have a good idea.

Let's go Dutch.

B : All right.

97. 각자 부담합시다

A : 이곳은 참 좋은 중국 음식점이에요.
B : 예. 음식이 매우 맛있군요.
A : 이번 저녁 제가 사지요.
B : 아니오, 제가 이번엔 내겠읍니다.
A : 좋은 생각이 있읍니다.
　　각자 부담합시다.
B : 좋아요.

주

- Chinese restaurant : 중국 음식점
- food : 음식
- dinner : 저녁
- pay : 지불하다.
- Dutch : 네덜란드
- Let's go Dutch : 각자 부담하자.

98. What can I get you?

A : It's a pleasure to see you again.

B : Thank you for inviting me.

A : What can I get you? Would you care for a drink?

B : Just a glass of milk, please.

A : Here you are.

B : Thanks a lot.

98. 무엇을 갖다 드릴까요?

A : 다시 만나 뵙게 되서 기쁩니다.
B : 저를 초대해 주셔서 감사합니다.
A : 무엇을 갖다 드릴까요?
　　마실것 좀 드시겠읍니까?
B : 우유 한잔만 주세요.
A : 여기 있읍니다.
B : 감사합니다.

주

- get : 얻다, 가져가다.
- a glass of : 한잔
- Here you are : 여기 있읍니다(어떤 물건을 갖다 주면서).
- a lot : 많은
- invite : 초대하다.
- pleasure : 기쁨

99. When will the Olympic Games be held in Seoul?

A : How often are the Olympic Games held?

B : Every four years.

A : When will they be held in Seoul?

B : In 1988.

A : When did the first Olympic Games start?

B : About BC 776.

99. 언제 서울에서 올림픽이 열립니까?

A : 올림픽 경기가 몇 년만에 열리지요?
B : 4년 마다요.
A : 서울에서는 언제 열립니까?
B : 1988년에요.
A : 최초의 올림픽 경기는 언제 시작되었읍니까?
B : 기원전 776년경에요.

주
- be held : 개최되다.
- Every : 모든
- first : 첫번째
- start : 출발하다, 시작하다.

100. What is the most popular sports?

A : Do you like sports?

B : Of course.
In my high school days,
I was a basketball player.

A : Really. By the way, what is the most popular sports in Korea?

B : Maybe, football.

100. 가장 인기있는 스포츠는 뭡니까?

A : 당신은 스포츠를 좋아하십니까?
B : 물론이죠.
  고등학교 시절에, 농구선수였는걸요.
A : 정말이세요. 그런데, 한국에서는 무엇이, 가장 인기있는 스포츠입니까?
B : 아마, 축구일겁니다.

주

- most popular : 가장 인기있는
- of course : 물론
- player : 선수
- by the way : 그런데
- football : 축구
- Asia : 아시아

101. What a long vacation!

A : I'll have winter vacation soon.

B : When does it start?

A : It starts next Monday.

B : How long is it?

A : Two months.

B : What a long vacation!

101. 방학기간이 길군요!

A : 전 곧 겨울방학을 맞이하게 되요.
B : 언제부터 시작되는데요?
A : 다음 주 월요일부터 시작됩니다.
B : 얼마동안 입니까?
A : 두 달간요.
B : 방학 기간이 길군요!

주

- winter vacation : 겨울방학
- How long~ : 얼마나 오래동안~

102. Can you skate?

A : Can you skate?

B : Yes, I can.

I like skating.

A : Skating is very popular in winter, isn't it?

B : Yes, it is.

Many students skate on the ice in winter vacation.

102. 스케이트 탈 줄 아십니까?

A : 스케이트 탈 줄 아십니까?
B : 예, 탈 줄 압니다.
전 스케이팅을 좋아합니다.
A : 스케이팅은 겨울에 매우 인기가 있지요. 그렇죠?
B : 예, 그렇습니다.
많은 학생들이 겨울방학에 얼음판에서 스케이트를 타지요.

주

- skate : 스케이트
- on the ice : 빙판에서, 얼음판에서.
- Many : 많은

103. You are crazy about basketball

A : Where did you go yesterday?

B : I went to basketball game at Jang Choong gymnasium. Hyun Dai team played against Sam Sung team.

A : You are crazy about basketball. Which team won the game?

B : Hyun Dai team won.

103. 당신은 농구광이시군요

A : 당신은 어제 어디에 갔었읍니까?
B : 저는 장충 체육관에서 벌어진 농구시합을 보러 갔었어요.
현대팀과 삼성팀이 경기를 했거든요.
A : 당신은 농구광이시군요.
그 시합에서 어느 팀이 이겼읍니까?
B : 현대팀이 이겼읍니다.

주

- against : ~에 부딪히어, ~에 대해서.
- basketball : 농구
- very exiting : 흥미진진
- be crazy about : ~에 푹 빠지다.
- which team~ : 어느 팀

104. Do you mind if I smoke?

A : May I sit beside you?

B : Yes, you may.

A : Do you mind if I smoke?

B : Never mind.

A : Have a smoke?

B : No, I don't smoke.
　　I want to have some bread.
　　I am hungry.

104. 담배 피워도 됩니까?

A : 당신 옆에 앉아도 됩니까?
B : 예. 그러세요.
A : 담배 피워도 됩니까?
B : 걱정말고 피우세요.
A : 담배 피우시겠읍니까?
B : 아니오. 전 담배 안 피웁니다.
　　전 빵좀 먹고 싶어요.
　　배가 고프거든요.

주

- mind : 마음, ～을 꺼리다.
- beside : 옆에
- smoke : 담배 피우다.
- bread : 빵
- hungry : 배가 고픈

105. Would you come tomorrow?

A : I want to see your mother.

B : I'm sorry.

　　She went to the supermarket.

A : Is that so?

B : Would you come to see her tomorrow?

A : Oh, I must go to the Busan now.

105. 내일 오시겠읍니까?

A : 당신의 어머니를 만나뵙고 싶은데요.
B : 미안합니다.
　　어머니께서 시장에 가셨는데요.
A : 그렇습니까?
B : 그럼 내일 오시겠읍니까?
A : 오, 전 지금 부산에 내려가야 하거든요.

주

- supermarket : 시장
- Is that so? : 그렇습니까?
- now : 지금

106. I can't make ends meet

A : May I borrow some money?

B : Sorry. I'm broke, too.

A : My father stopped sending my allowance.

So I can't make ends meet.

B : I am sorry to hear that.

A : I have to have a part-time job for my allowance.

B : I see.

106. 전 주머니 사정이 안좋아요

A : 돈 있으면 좀 빌려 주시겠어요 ?
B : 미안합니다. 전 빈털털이예요.
A : 저희 아버지께서 생활비 보내주시던 것을 중단했어요.
그래서 주머니 사정이 좋지 않아요.
B : 참 안됐군요.
A : 생활비 벌기 위해서 아르바이트라도 해야만 합니다.
B : 알겠읍니다.

주

- make ends meet : 빚 안지고 살다.
- borrow : 빌어오다.
- I'm broke : 빈 털털이야.
- allowance : 생활비
- part-time job : 아르바이트

107. How many universities are there in Korea?

A: Let me ask you some questions about school.

B: O.K. What do you want to know?

A: How many universities are there in Korea?

B: Almost one hundred.

A: How many High Schools?

B: I don't know exactly.

107. 한국에는 대학이 몇 개나 됩니까?

A : 학교에 대해서 좀 알고 싶은 것이 몇 가지 있는데요.
B : 좋아요. 뭘 알고 싶으신데요?
A : 한국에는 대학이 몇 개나 됩니까?
B : 거의 백 개쯤 됩니다.
A : 고등학교는 몇 개나 됩니까?
B : 정확히 모르겠는데요.

주

- almost : 거의
- exactly : 정확히
- hundred : 100

108. I work six days a week

A : May I give you some questions?

B : Yes, you may.
What are they?

A : How many do you work a week?

B : Five days.
How about you?

A : I work six days a week.
I envy you.

108. 일 주일에 6일 근무합니다

A : 당신께 몇 가지 여쭤봐도 됩니까?
B : 예, 그러세요. 무엇이 궁금하세요?
A : 당신은 일 주일에 몇 일이나 근무하십니까?
B : 5일제 근무입니다.
　　당신은 어떠세요?
A : 전 6일 근무합니다.
　　당신이 부럽군요.

주

- a week : 일주일
- weekend : 주말
- question : 질문
- take a rest : 휴식을 취하다, 쉬다.
- envy : 부러워하다.
- spend : 보내다.

109. I enjoy dancing

A : I am so tired.
   I read a novel all morning.

B : Do you enjoy reading a novel?

A : Yes. In College, I was a member of Reading Club.

B : I enjoy dancing.

A : What kind of dance do you enjoy?

B : I like Folk dance.

109. 전 춤추는 것을 좋아합니다

A : 전 아주 피곤해요.
아침내내 소설책을 읽었거든요.
B : 소설 읽기를 좋아하세요?
A : 예. 대학시절에, 독서클럽 회원이었어요.
B : 전 춤추는 것을 좋아합니다.
A : 어떤 종류의 춤을 즐기시는데요?
B : 포크 댄스입니다.

주

- coffee shop : 다방
- novel : 소설
- all morning : 아침내내
- college : 단과대학　　(cf) university : 종합대학
- dance : 춤
- Folk dance : 포크 댄스

110. Do you play tennis?

A : Are you free today?

B : Yes, I am.

A : Do you play tennis?

B : A little bit.
I used to play tennis with my father, in my high school days.

A : Well, would you like to go to play tennis with me?

B : O.K, I'll get ready.

110. 테니스 칠 수 있읍니까?

A : 오늘 시간 있으세요?
B : 예, 그렇습니다.
A : 당신은 테니스 칠 수 있어요?
B : 조금요.
　　고등학교 시절에는 아버지와 함께 테니스를 치곤 했죠.
A : 그럼, 저와 함께 테니스를 치러 가시겠어요?
B : 예, 그러죠. 준비하겠읍니다.

주

- free : 자유로운, 한가한.
- a little bit : 조금, 약간.
- high school : 고등학교
- middle school : 중학교
- get ready : 준비하다.

111. What do you want to be in your future?

A : What do you want to be in your future?

B : I want to be a doctor.

A : Why?

B : Because I would like to heal the disease of poor people.

A : You are a good person.

B : First of all, health is the most important in our life.

111. 장래 희망이 뭡니까?

A : 장래 희망이 뭡니까?
B : 의사가 되고 싶습니다.
A : 왜요?
B : 전 가난한 사람의 병을 고쳐주고 싶어요.
A : 당신은 참 좋은 사람이군요.
B : 무엇보다도, 건강은 우리생활에 제일 중요한 것이죠.

주

- future : 미래
- without : ~없이
- would like to : ~하고 싶다.
- disease : 질병
- anything : 어느것도
- heal : 고쳐주다, 낫게하다.
- poor : 가난한, 불쌍한.
- first of all : 무엇보다도

112. I like Mozart best

A : I am a classical music fan.

B : Are you?

A : I hear everything of classical music.

B : Which musician do you like best?

A : I like Mozart best. Do you like classical music?

B : No. I feel bored of that music. I like Folk song.

112. 전 모짜르트를 가장 좋아합니다

A : 난 고전음악 광이예요.
B : 그렇습니까?
A : 난 고전음악이라면 뭐든지 다 들어요.
B : 당신은 어느 음악가를 가장 좋아합니까?
A : 모짜르트를 가장 좋아합니다.
  당신은 고전음악 좋아하세요?
B : 아니오. 난 그 음악이 지루하게 느껴져요.
  난 포크송을 좋아하거든요.

주

- classical music : 고전음악
- everything : 모든것
- musician : 음악가
- best : 가장 좋은
- feel bored of ~ : 지루하게 느끼다.

113. Can I see a room?

A : Do you have any vacancies?

B : Yes, what kind of room would you like?

A : A single room, with a bath.

B : O.K, we have a good room.

A : Can I see a room?

B : Certainly, Come with me, please.

113. 방 좀 볼까요?

A : 빈 방이 있읍니까?
B : 예. 어떤 방을 원하시는데요?
A : 목욕탕이 있는 일 인용 방이 좋습니다.
B : 좋아요, 좋은 방이 있읍니다.
A : 방 좀 볼까요?
B : 그러세요, 따라 오세요.

주

- vacancy : 빈방
- single room : 일인용 방
- bath : 목욕탕

114. May I have your name?

A : May I have your name?

B : Park Jin ho.

A : Here's your key for room 1101.

A bellboy will help you with your baggage.

If you need something, call me.

B : Thank you.

You are very kind.

114. 성함이 어떻게 되시죠?

A : 성함이 어떻게 되시죠?
B : 박 진호입니다.
A : 여기 1101호실 열쇠 받으세요.
   호텔 보이가 짐을 들어드릴 겁니다.
   뭔가 필요한게 있으시면, 절 불러주세요.
B : 감사합니다. 당신은 참 친절하시군요.

주

- key : 열쇠
- bellboy : 호텔보이
- baggage : 짐
- kind : 친절한
- natural : 당연한

115. Push the call button

A : Welcome aboard KAL.

B : Thank you.

Where is my seat?

A : Your seat is on an aisle.

B : How can I call the flight attendant?

A : Push the call button.

115. 콜 버튼을 누르세요

A : KAL 탑승을 환영합니다.
B : 감사합니다. 제 좌석이 어디 있지요?
A : 당신의 좌석은 통로에 있읍니다.
B : 승무원은 어떻게 부릅니까?
A : 콜 버튼을 누르세요.

주

- seat : 좌석
- aisle : 통로, 복도
- attendant : 시중인
- button : 단추
- aboard : (열차, 비행기) 타고

116. How long will you stay?

A : Is this your first flight?

B : No. This is my fifth.

A : Are you afraid to fly?

B : No, I am very pleasant.

A : Where are you going in England?

B : To London.

A : How long will you stay?

B : About four months.

116. 당신은 얼마나 머물겁니까?

A : 이번이 비행기 여행 처음 하시는 겁니까?
B : 아니오. 5번째입니다.
A : 비행기 타시는게 두려우세요?
B : 아니오, 아주 즐겁습니다.
A : 당신은 영국 어디를 가시는 겁니까?
B : 런던에요.
A : 얼마나 머물겁니까?
B : 약 4개월요.

주

- flight : 비행
- fifth : 5번째
- be afraid to : ～하기가 두렵다.
- month : 달
- ※ 열차에 관한 용어
  railroad station : 역
  one-way ticket : 편도차표   round-trip ticket : 왕복차표

117. Have a good time

A : Where are you going?

B : I am going to my friend's house. Today is his birthday.

A : Oh, I see. By the way, when will you come back?

B : I am not sure. But I will try to come back early if possible.

A : Have a good time.

B : Thank you.

117. 재미있게 보내세요

A : 어디 가실려고 합니까?
B : 제 친구집에 갈려고 합니다.
　　오늘이 그 친구 생일이거든요.
A : 아, 알겠읍니다.
　　그런데 언제 돌아올 겁니까?
B : 잘 모르겠어요.
　　그러나 가능하면 일찍 돌아오도록 해야죠.
A : 재미있게 보내세요.
B : 감사합니다.

- come back : 돌아오다.
- if possible : 가능하면
- sure : 확실한
- if possible : 가능하면

기초 英語 會話

2016년 1월 25일 재판
2016년 1월 30일 발행

지은이 / 편 집 부
펴낸이 / 최 상 일

펴낸곳 / 太乙出版社
서울특별시 중구 동화동 52-107
등록 / 1973년 1월10일(제4-10호)

©2001, TAE-EUL publishing Co., printed in Korea
잘못된 책은 구입하신 곳에서 교환해 드립니다.

■ 주문 및 연락처

우편번호 100-456
서울특별시 중구 동화동 52-107 (동아빌딩 내)
전화 / 2237-5577 팩스 / 2233-6166

ISBN 978-89-493-0483-0   13740